3.11 絆のメッセージ

世界から届いたエールと
被災地のいま

はじめに

このたびの大震災によって失われた数多くの魂に哀悼の意を表すると共に、被害を受けられたすべての皆様に対し、心よりお見舞い申し上げます。

２０１１年3月11日14時46分、マグニチュード９・０のかつてない大地震が東日本広域を襲い、東北地方沿岸部に発生した大津波は、かけがえのないたくさんの人の命や大切な思い出など、あらゆるものを根こそぎ飲み込んでいきました。

あれから2カ月が経ち、余震にしては大きすぎる揺れが毎日のように続いているこの状況で、いま被災地には、何もなくなった場所からもう一度すべてをやり直すために全力で立ち上がろうとする人たちの姿があります。その姿に胸打たれた世界中の人々から、数え切れない励ましのエールや祈りの言葉が、今日も被災地に向けて送り届けられています。

今回、この本をつくるにあたって私たちが初めに思ったことは、被災地で立ち上がろうとする人たちの懸命な姿と、それを支えるために励ましを送り続ける世界の人たちの活動を一冊にまとめることで、「日本をおおう暗い影を少しでも晴れやかで明るいものしたい」ということでした。

そして、震災で被災した人々が瓦礫《がれき》の山から少しずつ復興へ向かって立ち上がるその姿に、被災していない私たちの方が励まされ、多くを学ぶことがあるように感じたためです。

本書を通じて、被災地で立ち上がる努力を続けているすべての人たちの姿と、それを全力で応援している人たちの〝絆〟を感じ、今回の震災で傷ついた人が、少しでも元気を取り戻してくれればと願っています。

被災地復興支援プロジェクト一同

本書の売り上げの一部は日本赤十字社を通じて義援金として寄付させていただくことで、被災者の方々の生活のために使われます。

3.11絆のメッセージ

世界から届いたエールと被災地のいま

Contents

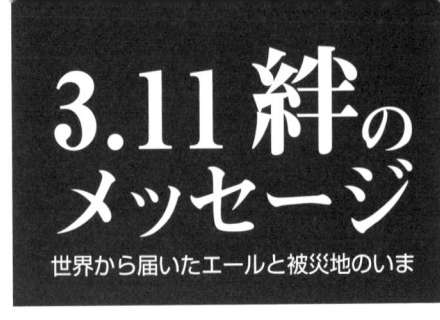

号外として手書きの新聞を避難所などに貼った石巻日日新聞社の記者たち

1章 被災地からの手紙

あの大震災から2カ月が経つ。
いまも地震や津波の爪跡が生々しく残された被災地で、
人々は、それぞれの思いを胸に
「復興」へ向けて懸命な努力を続けている。
日常を失い、家族を失い、思い出を失った人々が、
あれからいったいどのような思いを抱え、
いま「復興」を願うのか。
この章では、そんな被災地の人々が、
あの日のことを振り返りながら語ってくれた
切実なメッセージを「被災地からの手紙」として残した。

宮城県南三陸町 ●

［被災した場所］南三陸町戸倉

津波は人と人のつながりまでは流せなかった

――後藤一磨さん（63歳）

「南三陸町は町役場の職員にも犠牲者が発生し、多くの被災者を抱えて行政機能はマヒ状態。これ以上、役場に迷惑はかけられない。少しでも役場の負担軽減になれば。そもそも瓦礫《がれき》の山になったいまの町を眺めていても埒《らち》が明かないですしね」

現在、故郷・南三陸町から離れた加美町中新井田交流センターで避難生活を送る後藤一磨さん（グリーンツーリズム・インストラクター）は、南三陸町が実施した町外への集団避難第一陣に応募した理由をそう語る。後藤さんは、沿岸漁業が産業の中心になる南三陸町で、「地産地消」にこだわり宮城県食育コーディネーターも務めてきた。

地震の起こったあの日は、母校の戸倉中学校の同窓会入会式に参加し、帰宅しようとしていた最中だった。自宅は海岸から約200m。すぐに津波の襲来を予測し、自宅に駆けつけ、妻や息子、飼い犬4匹を車に乗せて、高台へと避難した。

帰宅時に着替えをしたが、直前まで着ていたスーツは手っ取り早く1階の階段から2階へと投げた。2階まで津波は来ないだろうと思ったからだ。しかし、高台から見ていた津波は、後藤さんの家を軽々と押し流した。

「もしかしたら海を酷使しすぎてきたのかも」と語る後藤さん（加美町中新井田交流センターにて）

その後、高台にあった志津川自然の家に避難した。教育研修施設ということもあり、それなりに食料もあったが、必ずしも十分ではなく、同じ施設にいた移動スーパー経営者の流された車両を見つけ、その中から食べられるものを手分けして探しながら、最初の数日を食いつないだ。

津波は家を奪い、そして町全体をも崩壊させたが、後藤さんに海を恨む気持ちはない。

「確かに今回、海は大きな災いをもたらしました。ですが、私たちは海と付き合い、その恵みで生活してきたのです。迷信めいた言い方かもしれないですが、もしかしたら私たちは気づかないところで海を酷使しすぎてきたのかもしれません」

「いつかは必ず志津川に戻り、新たな町づくりに参加したい」という決意を見せる後藤さんには、年々低下しつつある日本の食料自給率を故郷の志津川が少なからず支えていたという密かな自負がある。

そうした思いとともに、今回の震災で地域住民同士の助け合いや、全国からの支援の輪が持つ力を改めて肌で感じとった。

「結局、津波は人と人のつながりまでは流せなかったんですよ」

そう言ってほほ笑んだ後藤さんが、とても勇ましく見えた。

建物の窓から見た南三陸町市街地の様子

宮城県石巻市 ● ［被災した場所］石巻市内

海を見るのも辛かった

――廣瀬文晃さん（32歳） 亜耶子さん（33歳）

「約束の場所」で無事に再会することができた廣瀬文晃さん（4月19日、石巻市立青葉中学校の体育館にて）

地震があったとき、廣瀬文晃さんは自動車を運転中だった。ふと見ると、津波が正面から来ていたので、自動車を車道の脇に止めた。

「ドアを開けようとした瞬間に、でかいのがやってきて、自動車ごと津波に飲み込まれたんだよ」

流れついた狭い空間はどこかの車庫だった。車庫には天井があり、津波に飲み込まれてしまうのは時間の問題だった。

「もうダメだと思ったよ。でも、運良く自動車のドアが開き、何とか泳ぐことができた。津波の勢いが弱まったので、瓦礫《がれき》に捕まり、命拾いをした。その後は、よく覚えていない。いろいろ浮かんだ瓦礫《がれき》の上に必死で身を寄せて逃げ延びた気がするんだけど」

このままだと沈んでしまうかもしれない、そう思った文晃さんが夢中でたどりついたのは、どこかの見知らぬ家だった。

「その家は2階が浸水してなかったんでね、一晩、世話になろうと思った。同じような人が3～4人いたけど、寒すぎて、まともに話せない状態だったよ。とにかく夜が明けるのを、ひたすら待つだけだった」

一方、妻の亜耶子さんは地震の瞬間、家にいた。ひとしきり揺れがおさまって、着の身着のままの姿で長女（12）と長男（11）を迎えに小学校へ向かった。その後、次女（6）を迎えに行こうと保育園へ向かったが、すでに道は車でごった返していた。

「それで車を置いて、歩いて保育園へ向かったんです。そのとき、前から黒い波が見えました。左手に中部自動車学校があったのを見つけ、急いで階段をあがって難を逃れたのですが……」

ところが、そこで目にしたのは保育園が流されていく光景だった。

「あ、もうダメだ」

そこに娘がいるかもしれない、そう思うと何もかもが不安になった。

自動車学校で一晩を過ごした翌日、レスキューにボートで救出され、青葉中の避難所へとやってきた亜耶子さんは、家族と連絡を取ろうと思ったが、携帯電話をどこかに落としてしまっていたことに気づいた。しかし、夫と「何かあったら学校へ」と約束していたのを思い出し、す

地盤沈下した石巻港（4月1日）

ぐに学校へ向かった。

「お互いにダメだと思っていました」

文晃さんも「学校の先生に聞いたら、子どもを迎えにいったと言ってたから。ダメだと思ったよ」と言う。母親が保育園に迎えにきた子どもたちは、母親もろとも、ほとんど亡くなってしまったと聞いたからだった。逆に、保育園に残っていた子どもたちは、先生がきちんと避難させたおかげで助かった。

「ほとんどの人が諦めてるよ。それでも残って（できることを）やろうとしている人もいる。5～10年はどうなるのかね。仮設住宅を待つしかないけど、仕事もないし……。海の仕事をしていたんだけど、震災直後は海を見るのも辛かった」

とにかく家族が無事でいてくれた。いまはそのことに安堵している文晃さんと亜耶子さんだった。

宮城県亘理町 ● ［被災した場所］亘理町

津波が来るから、さよならかも

――斉藤雪さん（38歳）

中国出身の斉藤雪さんは、日本人と結婚したことで日本国籍を取得し、宮城県亘理町で暮らしていた。震災後、一時は避難所にいたが、いまは食事を取りにくるだけで寝泊まりはしていない。自宅の浸水は一階のみで、二階は利用できるため、普段は自宅の二階で寝泊まりをしている。電気がこない間は、ろうそくを使って生活したそうだ。

「津波は怖い。もういやだ。二度といやだ……」

と、涙ながらにそのときの状況を話してくれた斎藤さんは、取材中も、建物が何かの拍子で揺れるたび、地震ではないかとおびえていた。

斉藤さんは仕事中に被災した。

「スーパーで働いていたとき地震が来たんです。最初、スーパーの社長は『大丈夫、大丈夫』と言っていたんです」

地震のあと、津波警報が鳴り、地域の消防団が町内を回っていた。

「少ししたら消防車がきて、『津波が来るぞ』って言ってました。そしたら社長が『逃げろ！』と声をあげました。そのとき、すぐに中国に電話して『津波が来るから、さよならかもしれない』と伝えたんです」

多くの家屋が被災した亘理町荒浜（3月21日）

普段は自宅の２階で寝泊まりしている斉藤さん
（3月28日、亘理高校体育館にて）

すぐに店を閉め、斉藤さんは高校1年生の長男（16）がいる家に戻った。津波がやってきたのは、スーパーの様子を見に行ったときのことだった。

「社長が心配で、スーパーに戻ったんです。そのとき、津波に襲われました」

駐車場に止めてあった社長の車が津波に流され、斉藤さんの車も横転しながら、どこかわからないところまで押し流されたという。車の中には長男も乗っていた。

「息子と2人で、死を覚悟しました。そのとき、流木が車に刺さったんです。そのおかげで、車がそれ以上、流されずに済みました」

しかし、津波はまだやって来る。車の外に脱出し、水の中をかきわけて高いところを目指した。流れ着いたところに家があり、その屋根の上に登った。生きるために必死の行動だった。津波が引くまで、ただ待っているしかなかった。

その後の避難生活では、中国出身者が減ってしまったために苦労した。仙台市にいた中国からの滞在者は、3月15日、地震被害が大きい地域から避難させるべく中国政府が発令した避難勧告によって、当局のバックアップで帰郷していた。しかし、すでに日本国籍を取得していた斉藤さんに、中国政府はノータッチだ。また、日本語が堪能ではない斉藤さんにとって、避難所でのコミュニケーションには戸惑うところが多い。

「だれも私を守ってくれない、日本も、中国も」

そうつぶやいた斉藤さんは、とても寂しそうだった。

岩手県釜石市 ●［被災した場所］釜石市内

本当に、悔しいよ……

——小笠原勝見さん（76歳）

岩手県釜石市内の瓦礫《がれき》の山で何かを探している男性がいた。何を探しているのかと尋ねると、「おばあちゃん（妻）だ。行方不明なんだよ」と答えた。

妻を捜している小笠原勝見さんと出会ったのは、鵜住居川の大槌湾への河口になっている地域。この辺りに、二人が暮らしていた家があったという。

震災当時、釜石市内で仕事をしていた小笠原さんは、地震と同時に仕事を止めて、必要な荷物を取りに家に戻ろうとした。しかし、家へ戻るために通らなければならない旧45号線のJR鵜住居駅前の橋は、すでに津波で見えなくなっていた。そして、そこから2階建てだった自分の家が流れていくのを見た。

この津波が、地域住民にとって想定外の規模だったことは疑いようがない。逃げ遅れた人が同市内では1200人を超えた。その一人に、小笠原さんの妻もいた。

小笠原さんは、妻だけでなく、同時に兄をも失った。一方で、川を挟んで娘夫婦が住み、さらに近くには姉が住んでいたが、幸いにも無事だった。

流されていく我が家を茫然と見つめていると「第2波が来るぞ」という声が聞こえ、我に返った小笠原さんは高台の方へと走った。再び津波がやってくると、たくさんの車がおもちゃのように流されていた。

「あんなの、いままで見たことないよ。道路から4~5mはあるように見えた」

そう話す小笠原さん自身も、ついには津波によって流されてしまう。

必死の思いで目の前に流れてきた自動車のタイヤにしがみつく。それでも山の方まで流されたが、掴まる木を見つけては何度も食らいついた。途中、「助けて!」という叫びを耳にしたが、自分にはどうすることもできなかったと悔しがった。

声を殺して涙を流した小笠原さん
(4月7日、JR鵜住居駅付近にて)

震災後、行方不明になった妻を見つけるために、瓦礫《がれき》の山を捜しながら、複数の避難所を回った。結局、妻を見つけることはできなかったが、おかげで写真だけは見つかった。

「娘が見つけてくれたんです。孫からも『おばあちゃんが夢に出てきたよ』というメールをもらいました。いつもと変わらない声で『大丈夫か?』と声をかけられたそうです。もし、(妻が)見つかったら、『そばにいてやれなくて悪かった』と言いたい。そして、抱き合って一緒に死にたい……本当に、悔しいよ」

そう言って、目に涙を浮かべながら、声を殺して泣いていた。

4月7日、壊滅的な被害を受けた釜石市街地の様子（2枚とも）

千葉県旭市飯岡 ●

[被災した場所] 飯岡の自宅

これまでは他人事だった

――北村克巳さん(83歳)

6人家族の北村克巳さんは、地震があったときに、息子の妻と孫2人と一緒にいた。大津波警報が出たとき、隣の人が「避難!」と叫んだ。そのため、避難所に指定されている飯岡小学校の屋上に上がった。「危ないから避難して、避難!」と、また誰かが叫んでいた。すでに下水からは水があふれ出している。

「屋上から津波が来るのをじっと見ていたよ。津波らしきものは来たけど、そんなに大きくはなかった。普通の波とはちょっとちがう程度。『あ、津波が来たわ』くらいで、大きな津波が来るとは思わない。そのうち波が収まったわけ。その様子を見て、『あ、大丈夫』と思ってしまった」

波は収まったように見えたが、実際は、大津波の前兆で波が引き始めたのだった。しかし屋上に上がった人たちはそれを見て、一度家に帰ってしまった。その中に、北村さんと奥さんもいた。

「私が先頭になって帰ったら、みんなついてきちゃった。地震は地震で怖かったよ。すごい地震だったから。でも、津波が来るという警報があって、本当はその時点でしばらく屋上にいればよかった」

家に帰り、北村さんは2階の部屋でタバコを吸っていた。ほかの家族も津波の様子を見ていたという。

「最初の地震が大きかったから、余震はあまり感じなかったよ。次に津波がやってきた。大津波がいきなり来たんだ。時間はいつだったか。午後5時頃だったかな?」

「テレビを見てると、(避難所によっては)おにぎり半分だけというところもある。それに比べたら、不足を言っても申し訳ないよ」と話す北村さん(写真手前。3月20日、千葉県旭市の飯岡小学校にて)

津波が引いた後に、避難所になっている小学校へ。

「余震があるから、みんな寝れないようだよ。俺は余震があっても、枕が変わっても寝ちゃっているけど。食事は、比較的充実しているよ。まあ、しょうがない。何とも言えないけど、なるようにしかならない」

そう言いながら、涙ぐむ。

千葉県旭市の津波被害は、さまざまな住民が言うように、この地域にとっては稀に見る被害だった。平穏な暮らしが突如として失われるのは、被害規模の大小と関係がない。

「言葉では言い表せないよ。体験しないとわからない。これまでは他人事だった。津波は本当に怖い。桁ちがいだ。家の近くでも濁流になっていた。見たらとにかく怖いんだ。ここで生活するのはもう不可能に近いのではないかと思ってしまう。津波の恐怖、この記憶は、きっと2～3年は逃れられない。家を建て直すにも『コレ』の問題があるしね」

そう言って、指を丸めた。

「みんなそこが悩みだよ」

岩手県陸前高田市広田 ●［被災した場所］広田小学校

「生きなきゃいけない」という言葉を残して

――佐々木善仁さん（60歳）

4月20日、陸前高田市立広田小学校の始業式があった。同校の児童に地震や津波で死者が出なかったのは幸いだったが、近くにある広田中学校の校舎は震災の影響で利用できず、中学生も同校の校舎で勉強することになっていた。さらに、同校は避難所としても引き続き利用されている。

3月31日まで校長だった佐々木善仁さんは、地震が起きたとき、校門の前にあるくぼみを埋める作業をしていた。1年生は帰りの会が終わり、地区ごとに帰りかけていたときだった。

「揺れはなかなか収まりませんでした。体感では15分ぐらい。帰りかけた1年生が戻ってきたので、一カ所に集めました。泣いている子はいなかった。1年生の担任が休みだったので、教務主任に任せて、校内放送をしに戻りました」

しかし、その直後に停電したために、放送は聞こえなかった。口頭で各教室に指示することにした。その後も余震が続く。こうした場合、保護者が児童を迎えに来たら、引き渡すことになっている。

「落ち着いたら保護者に子どもを引き渡そうと思いました。津波警報が鳴ったようでしたが、よく聞こえなかったんです。そのうち中学校の先生や地域の消防団員たちが『津波が来るぞ！』とやってきました」

当初、佐々木さんは津波よりも、落下物によるけがを一番気にしていたが、その「津波」という言葉でより高台へ逃げることを決めた。

「（波というより）海が押し寄せてきた感じでした」

津波が落ち着いて保護者に児童を引き渡したが、ある親子が水浸しで引き返してきたのを見た。

「後でわかった話ですが、家に戻っている最中に津波にあったようです。泳いでなんとか助かったという話でした」

小学校には小学生だけでなく、中学生、地域住民、診療所の人たちが身を寄せていた。学校側は誰がいるのかをチェックしながら、家に戻った児童たちがどのルートを使ったのかを把握した。児童は全員無事だった。

「地震があったのが、1年生が帰るか帰らないかの時間。1年生も津波訓練は経験しているが、ちょっとでも時間が遅かったら、子どもは亡くなっていたかもしれない」

迅速な判断だけでなく、運も左右した。

当初、同校付近は周辺から孤立した。そのため、近所から毛布を持ってきたり、米を提供してもらい炊き出しをやったりして過ごした。食事はおにぎり1個ずつ。その後、小学校の教職員たちは、自分の家族の安否確認に走った。しかし、佐々木さんだけは、家族の安否を心配しなかった。

「学校のことをきちんとやりなさい」

何かにつけて佐々木さんの妻は、そんなことを言っていた。震災から3日後、長男の陽一さん（30）が学校へやってきて、「俺は、大丈夫だから」と一言だけ残して帰って行った。

「少しだけ、どんな意味かを考えました。しかし、それでも家族のことはあまり考えなかった。後でわかったことですが、妻と長男と次男は家にいて、津波に流されていたのです」

陸前高田市内の自宅前で取材に答えてくれた佐々木善仁さん（4月20日）

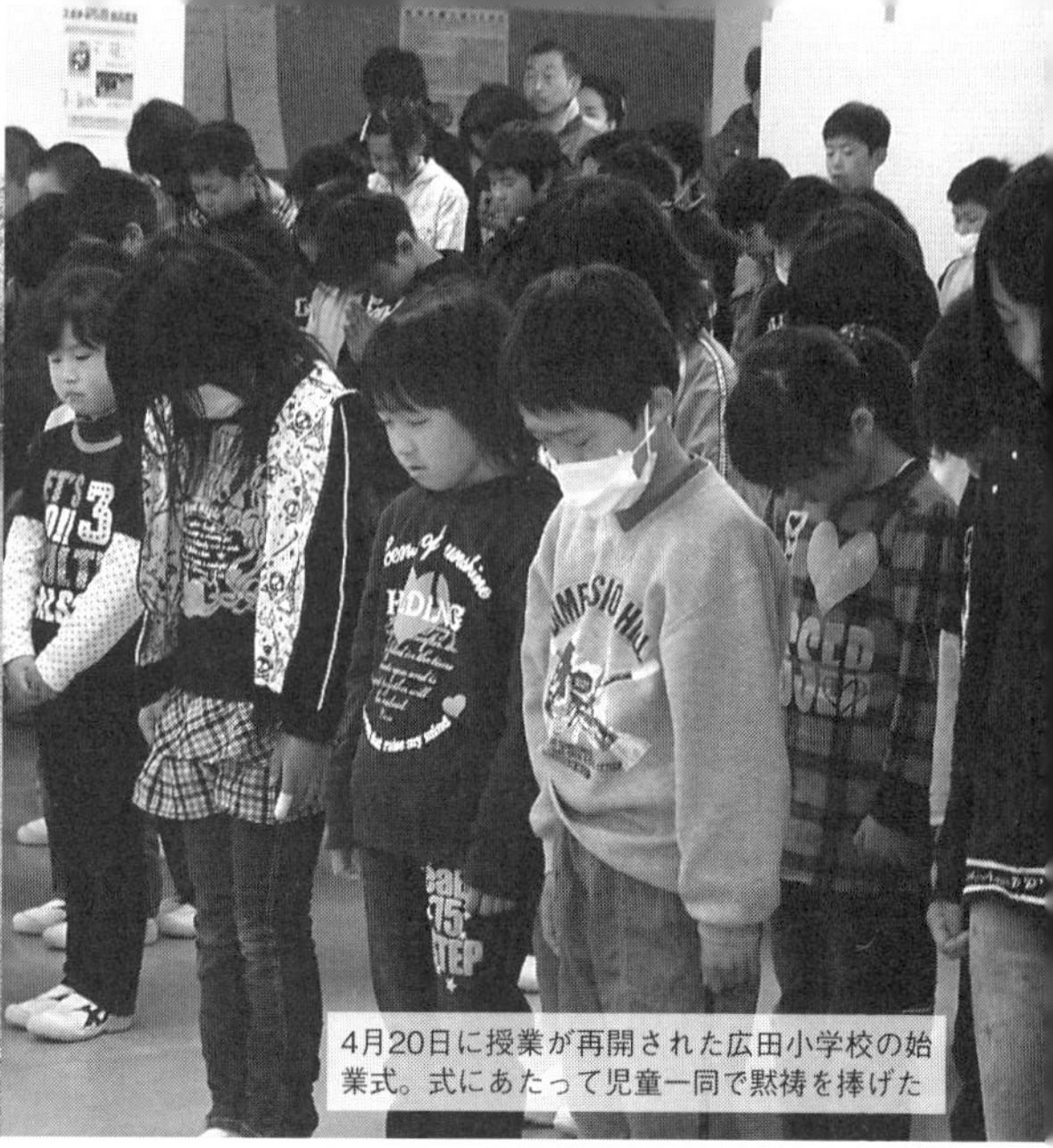
4月20日に授業が再開された広田小学校の始業式。式にあたって児童一同で黙祷を捧げた

次男は大学受験に失敗し、ひきこもりになっていた。津波のときも佐々木さんの妻は逃げるように説得したが、そのまま津波に飲まれてしまった。佐々木さんの妻は陽一さんと二人で流されながらも、何とか屋根に登った。それでも津波の勢いは止まらなかった。

「母の最後の言葉は『生きなきゃいけない』でした。僕はもう諦めかけていたのですが、それで生きようと思いました。その後、僕と母親はちがう所に流されてしまったんです」

陽一さんはそう語ってくれた。次男は数日後、遺体で発見された。そして、佐々木さんの妻も遺体が見つかったばかりだ。

「長男も流されたのに助かった。だから、もしかしたら妻もそうかもしれないと思っていた。次男も立ち上がる時期があったのかもしれないが、私は学校のことばかりで家庭を顧みなかった。それだけは責任があります」

悔やんでも悔やみきれない思いを抱える佐々木さんだが、学校を退職した4月からも地域の役に立ちたいと考えている。

岩手県大槌町吉里吉里 ●［被災した場所］堤乳幼児保育園

家がなければ一緒に遊べるのに

——芳賀カンナさん（43歳）

岩手県上閉伊郡大槌町吉里吉里《きりきり》。井上ひさしの小説「吉里吉里人」の舞台のモデルとして有名なこの吉里吉里地区は、震災発生から3日ほど交通が遮断され、一時的に孤立被災地と化していた。

しかし、地域防災に常日頃から意識が高かったこともあり、住民自ら瓦礫《がれき》を撤去し、その後の救援・救助を行う自衛隊に「入りやすかった」と感謝されるまでに回復させた。この地区の防災拠点となっていたのが、堤乳幼児保育園だ。

「震災のときは70人の園児がいました。親が迎えにきて帰した4人のうち、1人が亡くなり3人が行方不明なんです」

副園長の芳賀カンナさんは静かに、そして残念そうに話す。

「この地域では、もともと地震=津波、という考えが根強いんです」

1933年に昭和三陸津波が発生したことをきっかけに、78年目の今年3月3日には、宮古市・釜石市・大槌町で避難訓練を実施した。他の地域に比べて地域防災の意識が高かったことがうかがえるエピソードだ。にも関わらず、死者や行方不明者を出してしまったことを、芳賀さんは悔やんでいるようだった。

この保育園では、地震のすぐ翌日から、津波で全壊した吉里吉里保育園からの親子50人も受け入れて避

どんなに辛いことがあっても笑顔が絶えない子どもたち（4月7日、岩手県大槌町の堤乳幼児保育園にて。３枚とも）

難生活が始まった。

「はじめは、職員も家族の捜索を中心にしながら避難所の仕事を手伝ってもらいました。そのため、震災翌日からはスタッフ2~3人で対応をしていましたね。忙しかったですが、仕事をしていれば悲しいことも忘れることができました」

同園には全国から支援物資が届けられた。

「園に避難している人だけでなく、地域の人にも配ったんです。仮設トイレやドラム缶で作ったお風呂も用意しました」

中には未だに「父親が帰ってこない」と話す園児もいる。遺体の確認作業が遅れているのだ。そんな中でも、同園は3月25日から通常業務の一時保育を再開した。

「通常の保育だけでなく、家の片づけのために子どもを預かることにしています。いま保育園を始めないと、復興も始まらない。すべての環境が整うのをじっと待っているわけにもいかないのです」

園児たちは震災後、津波の被害をどのように受け止めているのだろうか。

「〇〇ちゃんって、家あるの?」

「あるよ」

「そっか。家がなければ、(避難所で)一緒に遊べるのにね」

芳賀副園長はこうしたやりとりが印象的だったと言う。

「子どもたちは現実の中でも、しっかりと適用しようとしています。普通の環境とはちがうのだから、泣いたって当たり前なのに」

岩手県岩泉町小本 ● ［被災した場所］小本で自営している店舗

故郷を捨てるとも捨てず

――山口紳さん（37歳）

「正直、かつての場所に住む気にはなれません」

そう語る山口さんの実家は小本地区で食料品や日用雑貨、特産の海産物も扱う商店を営む。母、兄と3人で切り盛りするその店で激しい揺れに襲われた。地元消防団に所属する山口さん兄弟は、災害時に兄が先に消防団に合流し、山口さんは店の後片づけをして消防団活動に加わるという取り決めがあった。それに従って兄を見送り、店内にいた客1人を急いで帰してから店のシャッターを閉めた。

ただならぬ事態は予感していた。実家近くにある小本川河口には津波を防ぐ高さ12ｍの水門があり、地震発生直後、水門を閉めるサイレンが鳴り響いていたからだ。山口さんも付近住民に避難を呼びかけ、老人を乗せた一輪車を押したりもした。

「いま思えば、津波が水門を超えることはないという油断があったんですよね」

しかし、先に消防団に合流した兄の元には既に津波が到達した宮古市田老地区から、ギネスブックにも記録された同地区の高さ10ｍ、総延長2・5㎞にも及ぶ防潮堤を津波は軽々と越えたという深刻な情報が入っていた。果たして約30分後に来襲した津波は、大きな波しぶきを上げて水門を超え、海に近い家々を次々と飲み込んだ。その中には山口さんの実家兼店舗もあった。

小本の将来を真剣に語ってくれた山口さん

多くの住民は地区を横切る国道45号線の高台方向に避難。山口さんも一緒に行動していた消防団員と45号線へ駆け上がった。

最終的に小本地区では住民3人が亡くなった。翌日から開始された捜索活動に参加した山口さんも1人の遺体発見に立ち会った。

すでに町と小本住民による復興に向けた話し合いが始まった。高齢者は『父祖伝来の土地』と従来の小本地区での再建と水門や堤防のかさ上げを主張する声が少なくない。しかし、山口さんはこの主張に明確に反対する。「100年先も安全な場所でなければ、『父祖伝来』は有名無実。でも小本には仲間もいるし、店を再開してほしいという地域住民の声もあります。近隣の高台に新しい小本を築いていければというのが個人的な希望です」

海の方を眺めながら「他の地区に移住して『小本』の名前が消えてしまうことだけは嫌なんです」と漏らす山口さん。「故郷を捨てるとも捨てず」という複雑な心境は、過酷な震災を生き延びた者だけが持ちえる教訓かもしれない。

岩手県岩泉町小本 ● ［被災した場所］小本漁港

いまさら他の仕事もやれないよ

――小成海蔵さん（60歳）

日本三大鍾乳洞の1つに数えられる岩泉町の龍泉洞。そのそばに観光客向けの「龍泉洞温泉ホテル」がある。ゴールデンウィークも近く4月も終わりにさしかかろうというのに、この時点でまだ営業はしていない。だが、ホテルのロビーは現在でも多くの人でごった返している。

それというのも震災以降、ホテルは同町沿岸部・小本地区の被災者用避難所になっているためだ。そして、小成さんもその避難所に身を寄せる被災者の1人だ。

漁師の小成さんにとって3～4月はイサダ（ツノナシオキアミ）漁の時期。地震が起きたときは漁を終えて小本漁港に帰港し、船に給油をしていた。突然、船底を叩くような衝撃。「津波時は船で沖に」という漁師の鉄則に従って小本漁業協同組合の監視船、仲間の船ら合計7隻とともに出港した。次々と大きく隆起する海面に驚きながら、およそ7㎞沖合までたどりついた。

「携帯も通じないし、テレビを積んだ僚船から無線でニュースの内容を伝えられたけど、停泊地からは入江に隠れて肝心の小本のことは、まったくわからなかった。港の方から逆流してくる大量の瓦礫《がれき》から、これはただ事ではないと想像するよりなかったんだ」

船に積んでいたカップ麺などを食べたが、ろくに眠ることもできず夜を明かした。翌日になっても津波注意報が解除されない。昼ごろに海上自衛隊の船が沖に姿を現し、おにぎりなどを支給され、みんなでそれらを分け合った。

最終的に港に戻ったのは津波注意報が解除された13日の午前だった。陸に上がって瓦礫《がれき》と化した自宅と漁具を保管していた倉庫が流出している現実を目の当たりにして、伝え聞いた避難所にたどりつくと、妻と母親がそこで待っていた。

漁への想いが消えていない小成さん
（龍泉洞温泉ホテルにて）

「母親は『よく無事に帰ってきたな』って。さすがにあのときは泣いたよ」

自宅を失ったことをあまりにも淡々と語る小成さん。そのことが意外だと伝えると次のように話してくれた。

「俺自身が一番にショックだったのは漁具の倉庫が流されたこと。船と漁具が無事ならば、生計を建てる手段はある。家を何とか建てることもできる。でも……」

イサダ漁が終われば、半年間はタコ漁、そして年末の2カ月は鮭漁。それらの漁具や軽トラックは全て流された。

「でもまた漁はやるよ。だっていまさら他の仕事もやれないよ」

中古漁具の入手を模索しながら、再起を目指す。

宮城県南三陸町志津川 ●

秋祭りは必ずやろうと思っているんです

――工藤祐允さん（74歳）

［被災した場所］南三陸町志津川

宮城県南三陸町の中心地・志津川は、津波により港から2㎞も離れた地域まで瓦礫《がれき》で埋めつくされるほどの壊滅的な被害を受けた。

そんな中で残った数少ない建物の1つに上山八幡宮がある。鎌倉時代に創建された上山八幡宮は旧本吉村の村社として地域の信仰を集めてきた。

大震災後も、そんな神社に避難所から拝礼に通い続けた人がいる。神社の24代目宮司・工藤祐允さんだ。

3月11日のあの激しい揺れを体感してから約30分後、神社のある高台から海を見つめていた。

「岸壁から大きな黄色い煙のようなものが立ち昇っていました。それが大津波が海砂を巻き上げて岸壁に衝突した瞬間でした」

神社のある高台は公園となっており、保育園もあった。住民が避難してくる中、瞬く間に津波は公園にある「東経147度、北緯38度、標高16・6ｍ」と表記された礎石までをも飲み込んだ。工藤さんらは慌ててその山を越えて避難した。家族も神社も幸い無事だったが、神社より低地にあった自宅は被災し、そのときから志津川小学校での避難生活が始まった。

3月下旬、南三陸町は町外への住民の一時集団避難を決断。第一陣として工藤さん一家も4月上旬に町を離れた。

「慣れない避難生活で妻と孫が体調を崩したことがきっかけでした。一旦はより良好な環境の中で出直そうと」

集団避難を希望した住民の多くが南三陸町に隣接する登米市の避難所を選ぶ中、工藤さんは、山形県境に位置する加美町中新井田交流センターを避難先として選んだ。

故郷の志津川にいつか必ず戻ると胸に誓う工藤さん

「以前、加美農業高校小野田分校定時制の教員だったため、この地域が仙台市や大崎市の中心部へのアクセスが良いことも知っていました。先日、地元に戻った際にも一部の人にこちらへの避難を勧めてきたほどです」

震災後、工藤さんの窮状を聞いた見ず知らずの宮司たちから拝礼用の衣装も提供された。

「中には『どうぞ使って下さい』と、乗用車を貸してくれた人もいました。本当にありがたい」

25代目宮司となる娘婿とともに、いまも時折、南三陸町に拝礼に通ったり、他地域に避難した神社総代を訪ねたりしている。

「毎年9月の上山八幡宮の秋祭りは必ずやろうと思っているんですよ。もちろんいずれ志津川にも戻るつもりです」

宮城県東松島市牛網 ●

あんな目にあったら誰も責められないよ
――千葉祥治さん

［被災した場所］東松島市牛網

東松島市で海沿いにほど近い大曲地区へ向かって車を走らせると、海側へ向かうにつれて、引き返すことができないくらいにだんだんと道が細まっていく。アスファルトが絨毯のように丸まって、引き剥がれた路面は砂利と砂で埋め尽くされ、路肩には、数字の書かれた砂袋が列をなして積まれている。その他はどこも、ことごとく瓦礫《がれき》と流れ着いた木材の山。そんな光景がずっと向こうまで延々と続いている。

通りがかった老人にそのことを尋ねると「やっとの思いでここまできれいしたんだ」と言った。これでも、随分と〝きれい〟になったのだ。

遠くから自衛隊の大型車両がやってきたのを確認して、このままでは救援活動の邪魔になると判断し、車を砂だらけの空き地に止めて、そこから先は2㎞ほど歩き、目についた家を訪ねて回ることにした。

鳴瀬川の下流を少し外れたのどかな牛網地区に居をかまえる千葉祥治さん（建設会社経営）の家は、古くからのその土地の暮らしを思わせる古民家風の立派な木造家屋だった。

運よく地震に耐えることができたが、「あの向かいの潰れてる家はね、お爺さんが押し潰されて亡くなったらしいんだ」と、祥治さんが指さした向かいの〝何か〟は、もはや家の形をとどめていなかった。道一本をはさんでこの状況だから、すべてが運次第だったと思わざるをえない。

海にも川にも近い牛網の周辺は、はじめの大地震から10分と待たずに津波がやってきた。1回目の津波でも、家の2階ぎりぎりのところまで海水が入り込んできたという。

「目の前でね、流されてきた車の中に乗ったまま、人が沈んでいくのを見たよ」

孫を片手抱っこであやしながら話してくれた祥治さんのお母さんは、地震のときは家に居て、そのまま津波に流された。

家族の絆をいっそう感じたと話す千葉さん一家（2枚とも）

「命からがら流れてきた松の木にしがみついて津波が引くのを待ってたのよ」

祥治さんたちが部屋の泥をかき出す作業を一家総出で行いながら、仕事がひと段落つくまでの間、そんな風に立ち話で聞かせてもらった話には、言葉を失った。

「自分だけでほんとに大変だったんだろうね、生まれたばっかの子ども抱えて、どうにもならんって、水ん中に（自分の子どもを）捨てちゃった人もいたっていうんだから」

孫を優しい目で見つめながら「あんな目にあったら、そういう人が目の前にいても、誰も責められないよ」と、祥治さんの奥さんが、そう付け足した。

「家族に再会できて、壊れてるけど家があって、生きて孫を抱けて、いまはそれだけで、十分すぎるくらいよ」

岩手県田野畑村羅賀 ●

［被災した場所］田野畑村羅賀地区

ばかっけにしていた

――中村光明さん（63歳）

「軽トラックから降りたとき、津波は目前。慌てて逃げ出し、軽トラックは流されましたが、数十秒遅かったら私自身が波にさらわれていたでしょう」と、中村光明さんは振り返る。漁業のかたわら5年前から自宅近くのホテル羅賀荘の宿泊客を陸中国立公園・北山崎の景勝へ案内するサッパ船の船長を始めた。

3月11日の午後3時から観光客を乗せるため出港準備中、携帯電話がいつもとちがう音で鳴り始めた。緊急地震速報のエリアメールだった。素早く岸壁に上がったが、激しい揺れが続いた。サッパ船を中止し、岸壁から約１５０ｍの自宅に戻った。

約25分後に津波の第一波が来襲。岸壁にあった中村さんの船をさらっていった。それでも中村さんは「ばかっけに（バカに）していた。自宅が流されることはないだろうとね」と高を括っていた。そのとき、パトカーが来て、釜石ではすでに家が流されたので避難するようにと呼びかけていた。自宅から沖合２km辺りが真っ白になっていたのが見えた。事態の異常さを悟った瞬間、頭の中も真っ白に。着の身着のまま軽トラックで近くの高台へ。あとは冒頭の通りだ。振り返ると、自宅は津波に押し上げられていた。

高台にいる間、宮古市内居住の娘からメールが着信した。娘宅に子守に行っていた妻や孫も「助かった」とのこと。同居中の長女や壊滅的な被害を受けた宮古市田老地区に住んでいた娘、それぞれの孫達も全員

サッパ船の楽しさを語ってくれた中村さん

無事だった。もっとも三陸沿岸はいまでも携帯電話の圏外地域もあり、家族同士が同時に電波の入る場所に移動したときしか連絡がつかず、全員の安否の完全確認まで2日かかった。

震災当日は避難所で過ごした。村の対応は迅速で、被災地区に送迎バスを送り、避難所ではおにぎり、牛乳、お茶を提供。最初は1人1個だったおにぎりは、食べたい人は2個も食べられた。他の自治体では震災当日、数人でおにぎり1個を分けたことも多かった中で希有な事例だろう。避難所の毛布やストーブも当日中に時間が経つにつれて数が増え、発電機によりわずかながらも電気も灯された。

「真っ暗な状態とちがって、少しでも電気があるだけで大きな安心感がありました」

2日目以降は隣の普代村にある妻の実家に身を寄せた。いまは田野畑村のアパートで暮らし、役場が被災者向けに用意した日当7000円の瓦礫《がれき》撤去作業に従事する。

「サッパ船を始めて、それまで接することもなかった全国各地からの観光客の方々と話ができて本当に楽しかった。今年中は難しくても、再び漁をやり、サッパ船も始めます」

未曾有の巨大津波も漁師歴48年の意地までは流し去ることはできなかったようだ。

宮城県亘理町荒浜 ●［被災した場所］荒浜漁港前の自宅

がんばれと言われるけど、これ以上、何を？

――青田和宏さん（58歳）

「テレビで『がんばれ』と言われると、これ以上、何をがんばるのかとやや憤ってしまいますよ」

そう語る青田和宏さん（牛乳宅配・配送業）。震災で多くを失い、九死に一生を得た被災者にとって、いまを生きることだけでも「がんばっている」ことなのだからだろう。

3月11日、荒浜漁港前の自宅で大きな地鳴りを伴う揺れに襲われた。両親を次男の運転する車で避難させ、消防団の仲間と合流し、避難指示と周囲の警戒に走った。阿武隈川河口付近で急激に水が引く様子を目撃した。慌てて荒浜の役場支所に車で避難。支所の階段を駆け上がっていた最中、家を流しながら迫ってきた津波が1階に流れ込んだ。支所屋上からは逃げ惑う人たちが波に飲まれていく様子が目に入った。

消防団員や支所職員、付近住民の合計70人以上が断水と停電のなかで約2日間、支所に閉じ込められた。幸運だったのは、支所内に昨年夏の猛暑で中止となった荒浜地区町民運動会の賞品用ビスケットや石油ストーブがあったこと。飲み水は、隣接する体育館内の自販機を支所職員が立会いの下、バールでこじ開けて入手したジュースで代用した。夜は満天の星空。しかし、周囲からは水に浮かぶプロパンガスボンベから漏れるガスの音、複数の「助けて」という声が聞こえていた。

「それらの声も翌日には聞こえなくなりました」

荒浜で牛乳宅配業を営む青田さん

3日目午前に飛来した自衛隊のヘリコプターで高齢者などを救出してもらい、青田さんたちは近くに浮いていたトラック運搬用いけすを使って同じ通り沿いの小学校まで支所内の人たちをピストン輸送し、小学校裏手の阿武隈川堤防沿いを歩いて脱出した。一旦収容された逢隈中学校では子どもたち3人と涙の再会を果たすが、休む暇はなかった。

翌朝8時から消防団による捜索活動に参加し、1週間で6体の遺体発見に立ち会った。他の団員は約1カ月も捜索に参加したが、青田さんは1週間で切り上げた。関係者からの依頼もあって牛乳配送業に復帰したためだが、申し訳なくて避難所で他の消防団員の目を見ることができなかったという。

現在は妹宅に冷蔵庫も用意し、宅配業の方も再開予定。きっかけは、普段は自分とあまり話そうとしない長男の一言だった。

「避難所の暗闇の中で寝ていたら、『俺もがんばるから、親父もがんばれよ』って。流石に子どもに言われると……」

そう言うなり青田さんは声を詰まらせた。だが不安要素も少なくない。自宅の再建もその一つだ。

「両親は元の自宅の場所が良いと言うし、妻子はそれに反対。自分ですか？　やっぱり男なら元の場所に建てたいですよね」

宮城県気仙沼市 ● ［被災した場所］気仙沼漁業協同組合事務所

顔を見るなり二人で泣きました

――伊藤高幸さん（69歳）

気仙沼市は就労人口の約7割が水産業関係者で、気仙沼港は、水揚げ金額200億円以上を誇り全国トップ10に入る。その心臓部と言っても過言ではない漁業協同組合の常勤監事である伊藤高幸さんが、いま日夜コツコツと取り組んでいるのが、関係者の安否、被害状況、現連絡先などのデータファイルをパソコンで作成することだ。データに基づき、時折電話をかけて近況伺いもする。

「『とにかく、がんばっていきましょう』と関係者を元気づけているんですよ」

そう語る伊藤さんは、高校時代にチリ地震津波（1960年）を経験した。渦を巻きながら気仙沼湾の底が見えるほど海面が低下し、後に襲来した津波は小型船の多くを陸に押し上げた。しかし、今回は規模がちがった。漁協の事務所2階で遭遇した5分を超える揺れ。津波は繰り返し湾内に押し寄せ、魚市場や大型漁船をも飲み込んだ。漁協ビルは2階まで浸水し、日が落ちると津波に押し流されたタンクから漏れだした油に引火し、周囲の至るところで火災が発生。漁協の屋上には職員、付近住民も含め100人を超える避難者であふれ返ったその光景は、まさに地獄絵だった。翌朝8時過ぎに意を決して漁協から徒歩で自宅に向かったが、行く手は瓦礫《がれき》の山。直線距離で約2・5㎞の自宅まで2時間も要した。

妻はヘルパーとともに近所の親類宅に避難しており、伊藤さんの顔を見るなり2人で声をあげて泣き出

高校時代にチリ地震による津波を経験している伊藤さんだが、「今回は規模がちがいました」と話す

した。脳内出血で車椅子生活だった妻は、ヘルパー来訪時に津波に巻き込まれ、1階天井近くまで浸水した自宅内で2人は浮き上がっていた。そのヘルパーは「私も生きるから、あなたも生きて！」と叫びながら伊藤さんの妻をつかみ、津波が引いたときに近所の人たちの助けで無事脱出したという。

一方で、義姉は行方不明となり、4月12日に遺体で見つかった。

「地震が起こると、重要書類を隣の実家に預け、自宅の戸締りに向かう几帳面な姉でした。あの日も同じように戸締りに向かったまま帰らぬ人になりました」

震災当初は何もやる気が起きなかったが、このままではいけないと思い、午前は職場、午後は自宅の後片づけを始めた。「漁協事務所も内のヘドロを捨てて水で流すという作業を何度も繰り返しました」と語る伊藤さん。自宅の後片づけもようやく終わり、いまは被災した親戚とともに暮らしている。

「国にも漁業用の船をまとめて建造して、漁師にリースするなど知恵を絞ってもらいたい。とにかく水産業復興のための支援や陳情など、我々がやるべきことは一杯あります」

いまだ停電が続く漁協事務所の暗がりの中で、伊藤さんは力強く語った。

福島県新地町釣師

また海の近くに行きたくなるでしょうね
——寺島輝美さん(55歳)

●[被災した場所] 新地小学校

「あっ、おばちゃんが泣いてる。どうしたんだろう? きっと誰か怪我でもしたのかな」

近所の小学生が発した一言で寺島輝美さんは、はっとした。自分は子どもたちに動揺を与えてしまったと。寺島さんが泣いていたのには理由があった。勤めている新地小学校の給食室で食器を洗っていた最中に始まった震度6強の揺れが、しばらくして徐々に収まり、学校側は残っていた3年生以上の児童と教職員を校庭に集めた。それから寺島さんはガスの元栓を閉めに給食室に戻ったが、そこに2回目の揺れが始まった。とっさに校庭に戻ろうと、給食室のドアを開けたとき、真っ黒な波が自宅近所の家の屋根を超えてくるのが見えてしまったのだ。

「あそこまできたら、ウチも絶対駄目だ、と思うと急に涙がこぼれてきました」

そう言って、寺島さんは振り返ってくれた。

そのころ周囲を巡回していたパトカーが新地小も危ないとを告げていたため、慌てて高台の中学校にかけ上って振り返ったときには、寺島さんの家があった釣師地区は完全に津波に飲み込まれ、瓦礫《がれき》を伴った波は国道6号線を超えて西側まで達していた。

寺島さんの子ども3人は首都圏で暮らし、震災時は夫と2人暮らし。夫は夜になって、真っ暗な避難所

避難所生活の中から新たな地域の触れ合いが持てたという寺島さん

へ携帯電話の液晶の明かりを頼りに捜しにやってきて、寺島さんと再会することができた。
新地町と県境を挟んで隣接する宮城県山元町在住の実母は、近所の人の助けで避難し、3日後にようやく無事が確認できた。「母に会って抱きしめたとき、骨がわかるほど痩せていて……」と涙ぐんだ寺島さん。
数日後に訪れた自宅に残っていたのは、ほぼ土台の基礎部分のみ。周囲には家財も見当たらなかった。いま、手元に残っているのは7冊の写真アルバム。近所の人などが偶然見つけて届けてくれたものだ。

プライバシーがないなどマイナス面ばかりが強調されがちな避難所暮らしだが、新たな発見もあった。同じ地区でも顔も知らない、顔と名前も一致しなかった人たちとの触れ合いが増えたことだ。

「同じ釣師地区にもこんなすごい人がいたんだと感激したことも少なくありません」

これまでの人生の大半を海のそばで暮してきた寺島さんだが、いまは海と距離を置いておきたいという。その一方で「海が大好きだったので、また近くには行きたくなるでしょうね」とも。

「海から離れた代替地であれ、また釣師の人たちと一緒に暮らしたい。元来、地域のつながりの強い地域ですが、今回のことで絆は一層強まったといまは感じています」

岩手県大槌町吉里吉里 ●

［被災した場所］大槌町内

生きていてくれてありがとう

――松村千賀子さん（30歳） 倉本奈菜さん（30歳）

ＪＲ山田線の大槌駅から吉里吉里駅方面に向かう一つ目の踏切付近の瓦礫《がれき》の中で、何かを探していたのは、松村千賀子さんと倉本奈菜さん。この辺りは、倉本さんが住んでいたアパートがあった場所だ。

震災当時、倉本さんは一人で買い物をしていた。地震が起きて、揺れが収まるのを待っていたが、とても長く感じた。「酔っぱらっているみたいだった」とも語る。地震が収まると今度は津波警報が鳴ったため、すぐに車で実家へと向かった。

同じ頃、松村さんは薬局で働いていた。棚から物から落ちてきたので、お客さんの安全を図っていた。しかし、すぐに危険を感じたので、車で逃げることにした。

「5分遅かったら、津波でダメだったと思う。ちょっとの時間の差だった」

大槌町では、津波に対する警戒心はほかの地域よりも強い。地震が起きて、津波警報が鳴ったらすぐに逃げるという人が多い。しかし、地震が発生したのが昼間。保育園や学校に子どもを迎えに行ったり、職場から家に戻る途中で津波に飲まれた人がたくさんいた。

「保育園に迎えに行って、親が亡くなったり、親子で亡くなったりした人もいたみたいです」（松村さん）

「私もちょっとの差で助かりました。津波がこんなところまで来るとは思っていなかった」（倉本さん）

倉本さんが住んでいたアパートは、大槌港から数百mほど離れている。いくら津波への警戒心が強い地域であっても、現実としてそこまで津波が襲ってくるとは考えにくかっただろう。

松村さんの家はなんとか無事だった。しかし、倉本さんの住まいはない。そのため、いまは親類の家に避難しているという。

「今日（4月7日）は2週間ぶりに来たんです。2泊でまた盛岡に帰ります」

そんな中で松村さんが癒されたのは「生きていてくれてありがとう」という友人からのメールだった。

「震災直後は一週間ほど友人と連絡が取れませんでしたが、無事だったんです。会えたときはお互いに抱き合いました」

倉本さんも元気づけられたのは友人からの手紙だった。

「連絡先が変わって音信不通だった友だちから、なんとか連絡先を調べてくれて、荷物を送ってくれた人がいました。その中に手紙が入っていたんです」

そこには「一緒にがんばろう。いつでも連絡くれて大丈夫だよ」と書かれていた。

こんな状況でも、友人からの支えが2人の笑顔を生んでいる。

友だちとのつながりの大切さを身をもって感じたと話す松村さんと倉本さん

宮城県石巻市 ● ［被災した場所］石巻市北上川周辺

自分にもやれることないかな？

――三浦正寿《まさみ》さん（16歳）

「卒業式が終わって、昼食をみんなで食べて解散した後に地震があったんです。母親が運転する車に乗っていたのですが、激しい揺れを感じました。体感で2〜3分だったかな」

三浦正寿さんが通っていた、岩手県石巻市立大川中学校は3月11日、卒業式を迎えていた。3年生22人が中学生活を終えたところだった。

「携帯電話に、緊急地震速報のメールが届きました。『地震くるよ』と言った瞬間に揺れたんです。交差点の真ん中だったんですが、止まったんです。事故はありませんでしたが、電柱も揺れていました」

当初は携帯電話がつながった。電話ごしに父が「高いところに逃げた方がいい」と言ったため、北上川の上流にある河北中学校に避難した。

「津波は見ていない。津波が引くのもすごかった、という話は聞いた。風景が変わったことは唖然とするしかない。何が起きたのかわからない。何もないから。まったく別の世界みたい」

まず食糧がなくなった。携帯電話で唯一連絡することができた友人に「道の駅にあるコンビニは開いているよ」と教えてもらい、道の駅「上品の郷」に行った。一日目は道の駅の駐車場で、車中泊をした。友人ともそこで会えた。やがて、石巻市河北総合センター「ビッグバン」が避難所になっているとの情報が

三浦さんが卒業した大川中学校

避難所で励まされ、自分でもできることを考え始めた三浦さん

入り、その翌日から避難所での生活がはじまる。

4月22日、ついに高校が再開されることになり、ほどなくして入学式が実施された。

「まずは学校と連絡を取らないといけない。ここは携帯の電波が入る。ネットが見れるので大丈夫。最初のころは、高校がどうなるのか不安だった」

携帯電話を使うのは、特に友人3～4人とのメール。お互いがどんな状況なのかを確認しあった。使えなくなると、「ビッグバン」に設置してあったラジオが唯一の情報源だった。

同級生でまだ行方不明の人が一人いる。また、学校の友人や後輩たちの中には、親が津波に飲み込まれるのを見ていた人がいたという。

「津波に飲み込まれたとか、遺体があがったのを見た子がいた。特に1年生に多かったみたい」

そうした絶望的な風景の中でも、三浦さんは周囲から励まされることもある。

「避難所にいる人から声をかけられるのが支え。自分でもやれることとないかなって思う」

宮城県亘理町 ● [被災した場所] 荒浜の温泉宿泊施設「鳥の海」

黒い牙のようだった

――小松守さん（62歳）

宮城県南部の亘理町沿岸部・荒浜にある町営の宿泊施設「亘理温泉・鳥の海」。そこの4階厨房に亘理町の臨時職員として勤務していた小松守さんは、〝あのとき〟をこう表現する。

「まさに黒い牙のようでした。もう自分の人生は終わったとすら思いました」

3月11日の激しい揺れ。厨房内は潜り込む場所もなく、皆が掴まったステンレス製のテーブルは一瞬にして厨房内を大きく移動した。

その20分後、湾内の海面が一気に低下。間もなく小松さんが〝黒い牙〟と表現した津波が、「鳥の海」と海水浴場の間に位置する高さ10m以上の防風林を超えてやってきた。

駐車場にあった小松さんらの車は流され、「鳥の海」は天井が高い1階部分のみならず2階までも浸水。宿泊客を含む小松さんら約40人は、厨房の食料などを分け合い、立て続く余震で熟睡など叶わず、夜を明かした。

翌日早朝、小松さんらが目にしたのは、瓦礫《がれき》だらけの荒浜の町。義兄夫婦の家周辺も津波の被害を受けたことは明らかだった。

「あまりの惨状に我々の多くは口を半開きにして呆然とただ見つめていました」

以前のように釣りができる日が来ることを願う小松さん

小松さんが働いていた鳥の海

この日、「鳥の海」勤務の町職員2人が意を決して瓦《が》礫《れき》を超えて町役場に向かった。当時、水は引いていたが津波注意報は解除されておらず、役場から職員2人には「ヘリによる救出を待て」との指示が伝えられた。

さらに翌朝、待ちに待った最初の自衛隊ヘリが「鳥の海」駐車場に着陸。宿泊客らを乗せて先発し、小松さんら職員も第2陣のヘリで全員が救出された。

ヘリが着陸した阿武隈川河川敷から避難所だった亘理町立逢隈中学校に移動、さらに自宅へ。妻と避難していた義兄が出迎えた。

「『ご苦労さんでした』って言われたっけかな。とにかくあのときは泣きましたよ」

「鳥の海」は営業休止となり、小松さんは一時解雇となった。いまは依頼があればかつてやっていた左官業の仕事もやるという。

「あれ以来、海に対する恐怖は植えつけられてしまいました。ただ、私は釣りが好きですから、荒浜に魚が戻るかはわかりませんが、いずれはまた荒浜で釣りがしたいと思っていますよ」

福島県浪江町 ●

このまま続けば、ジ・エンドってことだ

――村田淳さん（56歳）

［取材した場所］浪江町にあるエム牧場浪江農場

3月14日、浪江町に「避難指示」「屋内退避指示」が出された。地震と津波によって起きた福島第一原子力発電所事故の影響だ。町役場は福島県二本松市に移動、半数以上の住民が別の地域へと避難し、そして浪江町には人影が消えた。とくに、原発から半径20km以内の避難指示区域は、ほとんど人が寄りつかない状態で、「マスコミすら来てくれない、捨てられた町」と言われるほどだった。

そんな中、福島第一原発から14km地点で家畜に餌やりを続けている牧場があると聞き、エム牧場・浪江農場を訪ねた。約320頭の和牛を育てているこの牧場は、福島県内に7カ所の農場を経営するエム牧場グループのひとつだ。代表の村田淳さんによると、4つの農場が原発30km圏内に位置し、出荷できない状況が続いているという。市場に出せば1頭80万～90万円で値がつくというから、浪江農場だけで、2億数千万円分の和牛が飼い殺し状態になっていることになる。

「牛を見殺しにはできないから、週に2～3回は餌を運んでいる。何とか食いつないでもらっているところだよ。もう少し暖かくなって草が生えてくれれば、餓死しない程度にはなると思ってるんだ」

浪江農場では地下水を汲み上げて牛に水を与えていたが、地震の影響で停電となり汲み上げるポンプが動かず、水不足で死んでいく牛も出始めた。

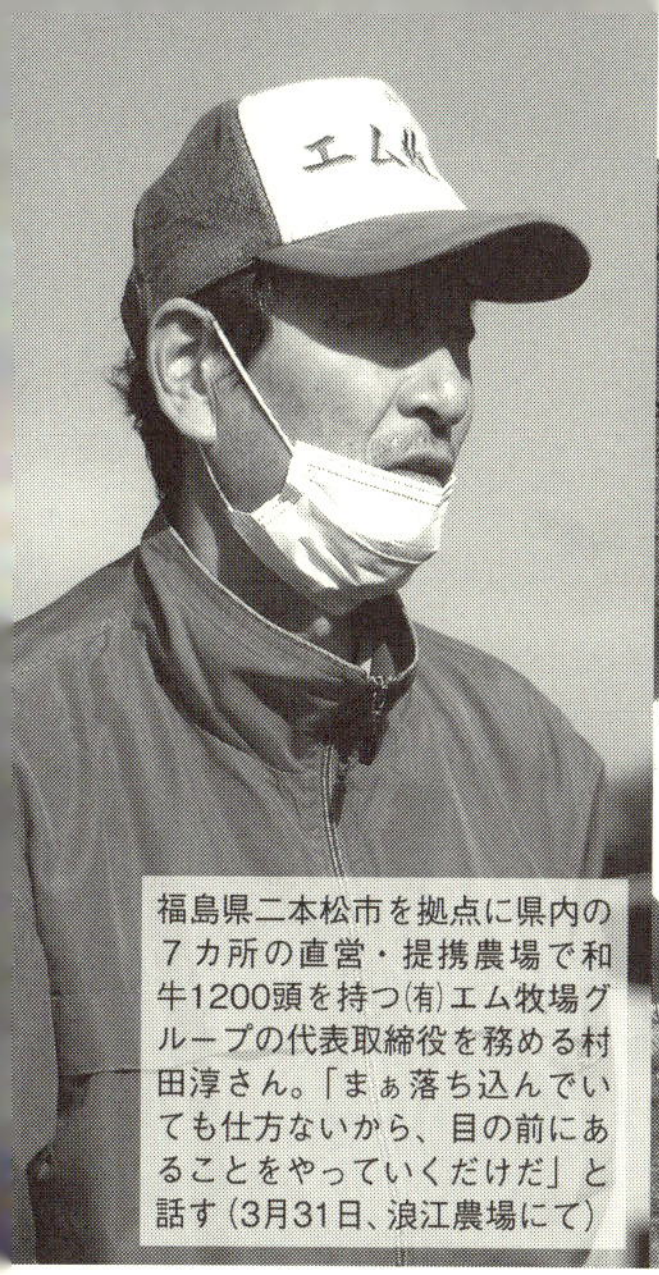

福島県二本松市を拠点に県内の7カ所の直営・提携農場で和牛1200頭を持つ㈲エム牧場グループの代表取締役を務める村田淳さん。「まぁ落ち込んでいても仕方ないから、目の前にあることをやっていくだけだ」と話す（3月31日、浪江農場にて）

水不足で死んだ牛の死骸の前に、集まる牛の群れ（4月26日）

「牛も寂しい思いしてる」と話す浪江農場の農場長である吉沢正己さんたちスタッフが牛舎に向かって歩き始めると、牧草地にいる牛が走って追いかける（3月31日）

「30㎞圏内の牛600頭は出荷ができずに、金が入ってこない。それでもいま生きている牛には餌を与え続けなければならない。後2カ月これが続けば、経営は成り立たなくなる。ジ・エンドってことだな」

4月22日、福島第一原発から20㎞圏内は新たに「警戒区域」となり、原則として立ち入りが禁じられた。それでも浪江農場では、牛の餌やりを続けている。村田さんは力を込めて政府に対する不満を口にした。

「国が勝手に殺処分とか言い出したけど、まだ俺は認めない。東電や国の幹部はみんな現場を見に来い。避難所や役場に行くことも大事だが、ちょっと来て『ごめんなさい』して帰るだけじゃダメだ。うちの牛は餌があって何とかなってるけど、近所の牛はやせ細って町の中で死んでるよ。腐った家畜の死体がゴロゴロしてるぞ。牛だけじゃない。誰もいなくなってゴーストタウンになった町を見てみろ。誰かの報告を聞いて、机の上で対策や保証を考えているだけじゃダメだ。責任ある人間がしっかりと現場を見れば、いまやらなくちゃいけないことが自《おの》ずとわかってくるはずだ」

宮城県岩沼市寺島 ●

［被災した場所］岩沼市内

また津波があっても、この寺島を守ってく

――木幡仁應《こはたにんのう》さん（49歳）

仙台空港の南側に位置する岩沼市では、これまでに168人に及ぶ遺体が発見された。市内を南北に走る仙台東部道路をはさんだ西と東で、震災被害に〝天国と地獄〟ほどの差があったと言われる。

木幡仁應さんは、その壊滅的な被害のあった東側の沿岸部に近い専光寺というお寺の住職だった。

この区域に入るにつれ、荒涼とした奇妙な風景が、目の前でまるでパノラマのように展開し始める。ひっくり返ったまま錆びついた車、折れた電柱からだらしなく垂れ下がった電線。柱はあるものの一階部分がすっかりなくなってしまった家々。

専光寺もその例外ではなかった。住職が生活する庫裏には柱と屋根が残されたが、中身は泥まみれで、須弥壇（仏具類を安置する台座）は壊れ、柱や法具などはことごとく散在した。また、敷地内にあった自宅は跡形もなく消え失せ、裏にある墓地では墓石が倒壊、一部は津波で遠くまで押し流された。

木幡さんは、車で病院に行った後、立ち寄った知人の家で震災に見舞われた。立っていられないほどの大きな揺れを感じ、それから慌ててお寺に戻ると、車から聞こえるラジオは、いつしか津波注意報から津波警報へと切り替わっていた。

ガスの元栓を閉め、部屋に上がろうとしたが、家財道具がなぎ倒されて散乱し、とても入れなかった。相

変わらず外からは津波警報のアナウンスが聞こえている。早く逃げなければと思い、駐車場に停めていた車に飛び乗るや、今度は地盤沈下に襲われた。地面の段差を無理やり乗り切り、パンクしそうになりながらも車を動かした途中で消防団と出会い、近くの玉浦小学校に行くようにと指示があった。

「いまからどうなるかはわかりませんが、私はお寺や墓地の復興をあきらめません。お寺というものは絶やすことができないものなんです」

墓や卒塔婆が無惨な姿で散らばる専光寺で、寺島を守っていく決意を語る木幡さん

そう話す木幡さんも、母親の命日を三月十四日に控えていた。だが、位牌も仏壇も、墓や遺骨さえも、大切なものは何もかも津波で流された。大事に育てていた二百羽のインコもどこかへ流されてしまったし、飼い犬のジャックは死骸で見つかった。

檀家さんにも、亡くなったり、行方不明になっている人たちが大勢いる。その喪失感は、僧侶であっても変わらない。

それでも、木幡さんの目は前を向いている。

「また津波がやってきても、私には、この寺島の暮らしを守っていかなければいけない僧侶としての使命があります」

張りのある声に、強い意志をのぞかせて木幡さんはそう言った。

2章 勇気をくれた「つぶやき」たち

今回の震災で、話題を集めたものに
twitterの「つぶやき」がある。
ネット上に短い書き込みを投稿することで
コミュニケーションをとり合えるそのツールは、
地震発生直後から東京を中心として、被災地でも利用された。
携帯電話が途絶え、メールも届かない混乱した状況下で、
そんな「つぶやき」だけが、人から人へと伝わって、
不安におびえる人の気持ちを落ち着かせ、
互いの思いを代弁することの意味や、
助け合う大切さを教えてくれた。
この章では、その中でもとりわけ多くの人に勇気を与え、
励まし続けた「つぶやき」を紹介する。

安心する声

@RUMI88LoL

昨日、裏の家の高1になるお兄ちゃんに感動した。
家に1人で居たらしく、
地震後すぐ自転車で飛び出し、近所をひと回り。
「大丈夫ですか――!?」と、
道路に逃げてきた人たちに**ひたすら声をかけてた。**
あの時間には老人や母子しか居なかったから、
声かけてくれただけでもホッとしたよ。
ありがとう。

非常時でもお会計

@kumatintin

バイト中に地震があって、
ほぼ満席の状態から
お客さんに外に避難してもらいました。
食い逃げが半端ないだろうな、
と思っていたが、
ほとんどのお客さんが
戻ってきて会計してくれました。
ほんの少しの戻られなかったお客さんは、
今日わざわざ店に足を運んでくださいました。
日本ていい国。

アリエルの笑顔

ディズニーシーのマーメイドラグーンシアター内にて、
ショー上演中に地震発生。
観客がパニックに陥る中、
ワイヤーで吊り下げられ
最も危険な状態であるはずのアリエルが、
笑顔で懸命に手を振り続けていました。
揺れが収まり、アリエルが退場すると、
客席からは大きな拍手が起こりました。

子どもたちのぶん

@unosuke

ディズニーランドでは、
ショップのお菓子なども配給された。
ちょっと派手目な女子高生たちが
必要以上にたくさんもらってて、
「何だ?」って一瞬思ったけど、
そのあと、その子たちが
避難所の子どもたちに
お菓子を配っていたところ見て感動。
子ども連れは動けない状況だったから、
本当にありがたい心配りだった。

外国人から見た日本人

@kiritansu

外国人から見た地震災害の反応。
品物が散乱しているスーパーで
落ちているものを律儀に拾い、
そして列に黙って並んで
お金を払って買い物をする。
運転再開した電車で、
混んでるのに妊婦に席を譲るお年寄り。
この光景を見て
外国人は絶句したようだ。
本当だろう、この話。すごいよ日本。

4時間かけて歩いて

@resaku

都心から4時間かけて歩いて思った。
歩道は溢れんばかりの人だったが、
みな整然と、黙々と歩いていた。
コンビニをはじめ、
各店舗も淡々と仕事していた。
ネットのインフラは揺れに耐え抜き、
各地では帰宅困難者の受け入れ施設が開設され、
鉄道も復旧して終夜運転するという。
すごい国だよ。
GDP何位とか関係ない。

ご利用どうぞ！

@fujifumi

道を歩いて帰るときに、
「トイレのご利用どうぞ！」と書いた
スケッチブックを持って、
自宅のお手洗いを開放していた女性がいた。
日本って、やはり世界一温かい国だよね。
あれ見たときは、
感動して泣けてきた。

助け合いの力

@Ryunosutake

昨日、信号が完全に機能していなかった鎌倉で、
人力車のお兄さんたちが手信号をやってた。
モータープールで
停電のために出られなくなってる車を
近所の住民さんたちが
持ち上げ外に出す手伝いをしていた。
人の温もりに、すごく感動した。

譲り合いの精神

@micakom

1回の青信号で1台しか前に進めないなんて
ザラだったけど、
誰もが譲り合い、穏やかに運転している姿に感動した。
複雑な交差点で、
交通が5分以上完全にマヒするシーンもあったけど、
10時間の間、**お礼以外の**
クラクションの音を耳にしなかった。
恐怖と同時に心温まる時間で、
日本がますます好きになった。

パン屋の配給

@ayakishimoto

昨日の夜中、
大学から徒歩で帰宅する道すがら、
とっくに閉店したパン屋のおばちゃんが
無料でパンを配給していた。
こんな喧噪の中でも、
自分にできること見つけて実践している人に
感動。
心温まった。
東京も捨てたもんじゃないな。

思い出し泣き

ペンネーム:ろばすけ

昨日、歩いて帰ろうって決めて
甲州街道を西へ向かっていたら、
夜の21時くらいなのに、
会社をトイレと休憩所として解放してる
ところがあった。
社員さんが大声でその旨を歩く人に伝えていた。
感動して泣きそうになった。
いや、昨日は緊張してて泣けなかったけど、
いま思い出して泣いてる。

差し入れになごむ

ペンネーム：大桜

何時間も動かない電車のなかで、
情報もなく、
みんな不安な表情で座っていたら、
地元の商店のおばちゃんが
「余りものですけど…」と
お菓子を届けてくれた。
張りつめた空気が一気にゆるんで、
みんな**ほっとした表情に。**
おばちゃん、ありがとう！
あのときの気持ち、ずっと忘れないよ！

困難に立ち向かえる日本人

@copedy

韓国人の友達からさっき来たメール。
「世界唯一の核被爆国。
大戦にも負けた。
毎年台風が来る。
地震だって来る。津波も来る…
小さい島国だけど、
それでも立ち上がってきたのが
日本なんじゃないの。
がんばれ超がんばれ」(日本語訳)。
ちなみに僕、いま泣いてる。

世界から見守られて

ペンネーム：コンチネンタル

地震が起こったときは、飛行機の中。
その後、目的地に着いたら
空港のカウンターのおばちゃんも、
お土産物屋のおじさんも、
ホームステイ先の家族も、
旅先で出会う人全員が
心配し、共に悲しみ、励ましてくれた。

世界の人にこんなに温かく
見守られてるなら、
日本は絶対に立ち直るって思った。

Twitterの励まし

@kosukezeniya

震災の日、
近くの避難所に避難して
家族とも連絡が取れず、
食べ物もなく、
5日間暮らしましたが、
Twitterで、いろんな方に
勇気をいただき、助けてもらって
なんとか今の自分があるように思います。感謝(^.^)

乗り越えて強くなる

@dita_69

サントリーの自販機無料化、
softbank Wi-Fiスポットの解放、
いろんな人たちが全力でがんばって、
それに海外が感動し、協力してる。
海外からの援助受け入れを躊躇したり
自衛隊派遣を遅らせたりしてた
阪神淡路大震災の頃より、
日本は確実に強い国になってるんだ。
みんながんばろう。

分け合う心で

@yoshi0miyu

亡くなった母が言っていた言葉を思い出す。
「人は奪い合えば足りないが、
分け合うと余る」。
被災者の間で実践されていた
東北関東地震被災者の方々を、
そして日本を、
誇りに思います。
がんばってください。

誰も死ぬな！

ペンネーム：ao

仙台から。
やっと今日の飯にありつけた。私は本当に恵まれてる。
仙台でも電気、水道が復旧してないところはまだ多い。
老人が気になる。
飯、水すら取りに行けない人も多いはず。
何時間もの行列には並べない人もいる。
一軒一軒、**片っ端から助けに行きたい。**
でも、体力気力が追いつかず。
もう、誰も死ぬな！
生きてくれ。

なめんなよ

匿名希望

ぜんぜん眠っていないであろう旦那に、
「大丈夫？　無理しないで」とメールしたら、
「自衛隊をなめんなよ。
いま無理しないで、
いつ無理するんだ？
言葉に気をつけろ」と返事が。
彼らはタフだ。
肉体も、精神も。

できるすべてをやるだけ

@ma3hi60129

ある自衛隊員が言った。
「被災地で炊き出しをした際、
たとえ余っても自衛隊員は絶対食べないで
缶詰の冷たいご飯を食べます。
被災地の人用にお風呂を用意しても、
自衛隊員は入りません。
そして、**できるすべてのことをやったら、**
ひっそりと帰る。
それが自衛隊です」
自衛隊は日本の誇りです。

無料の振る舞い

@maromaro25

自宅は流されて
自分は避難所にいるのに、
「店が大丈夫だったから」って
無料でラーメンをふるまっているラーメン屋さん。
日本ってこんなにみんな温かい…。

日本に生まれたことを誇りに思う。

4人で3つ

@soleilfleuve

避難所で、4人家族なのに
「分け合って食べます」と
3つしかおにぎりをもらわない人を見た。
凍えるほど寒いのに、
毛布を譲り合う人を見た。
きちんと一列に並んで、
順番を守って物資を受け取る姿に、
日本人の誇りを見た。

みんな一緒がいい

@derxeialme

今日先生から聞いたんやけど
被災地の小学校に小学生が２００人おって、
そこに１００個のカップラーメンが届いたんやけど
そのカップラーメンを
誰一人食べんかったんだって。
「あとの１００個が届いてから、
みんなで食べよう！」って…。
その話聞いてめっちゃ感動して
泣きそうになった。

優先したい人がいる

@cine_maru

避難所で働く知人から聞いた話。
豚汁の炊き出しが始まると、
高校生くらいの男の子が真っ先に飛んでいった。
勝手だなと思って見てたら、
豚汁を足の不自由な老婆のところへ持ってって、
「あったかいうちに飲んでね」と言い残すと、
自分のをもらいに
長い行列の後ろに並び直してた。

自分の任務

@sign_of_Rainbow

震災復興支援の米軍司令官の通訳している先輩に会った。
「被災者からもらうのは笑顔と涙とありがとう。
通訳で言葉を伝えているだけで
私は何もしていない。
それでも私にさえ、
涙を流しながらお礼を言われる。
悩んだときもあったけど、
これも大切な任務。
あなたは栄養士として
子どもたちを守りなさい」。

この国を守りたい

@nekkonekonyaa

お父さん、原発へ行っちゃったよ。
一度避難した原発の人も、
呼び出されて戻ってるんだって。
母さんがあんなに泣いたの、初めて聞いた。
原発の人たちは、
自分を犠牲に
みんなを守ろうと必死なんだよ。
みんな生きて。ほんとに生きて。
原発の人の気持ちを無駄にしないで。
お父さん、生きて戻ってきて。

ひとり息子を信じて

@akiraco1229

友人の息子さんが自衛隊にいて、
いま原発で作業をされています。
女手ひとつで育てた、
ひとり息子です。
彼女は何があってもここを動かないと言い、
息子が元気に帰ってくると信じています。
私は涙が止まりません。
でも彼女は泣いていません。
母の愛は強し。
私はそんな彼女の力になりたい。

同じ空の下で

@milisukee

被災地に居る友人から手紙が届きました。
「私たちのためにたくさんの物資をありがとう。
多くの友人を亡くしましたが
亡き友のぶんまでがんばって生きます。
『同じ空の下にいるよ』と言ってくれた一言が
心強いです」と。
涙が出ました。
1日も早く皆様に
笑顔が戻ることを心から願います。

無念さと無力さ

@tunasalad_fes

被災者の方々は
もう涙は枯れたと口々におっしゃる。
俺は被災者じゃないから
毎晩涙が出てしまう。
被災した2万人の人と
その家族の無念さと、
自分の無力さに
震えが止まらなくなる。
ただ一人祈るばかりだ。
くそ！

自分にできること

匿名希望

つらさも苦しさも、知らない。
もし私が被災者で、
「わかるよ」「共感するよ」って他人に言われたら、
優しさなのはわかっても、
多分ぶん殴りたくなるよ。
それでも**精一杯、**
東北のいまを想像するし、
気持ちは思いやるよ。
できることはやるよ。
やりたいからやるよ。

一緒に届く

@futofow

地元の会社が
支援物資を被災地に届けるべく、もうすぐ出発。
その便で、「学用品とか一緒に届けますよ」と
町内の学校に連絡があった。
子どもたちが、
自分の使っていないノートとか鉛筆とか筆箱とか
いろいろ持ってきました。
僕もノートを。
少人数なので小さい段ボールだけど、
やさしさたくさん詰まってます。

無償の愛

@hisabisa_cororo

津波で被災した小名浜の実家。
家族はみんな無事でした。
一昨日、久しぶりに電話したら
「ご飯食べてっか？」と母が。
昨日、「トイレットペーパーがないや」と
私がつぶやいたら
「送っか？」と父が。
自分たちが被災者なのに。
愛の深さに泣けてくる。

じいちゃんは強い

@naopizzicato

91歳になるじいちゃんに、
やっと電話がつながった。
停電で暖房もなく、
雪のなか寒い思いをしてるだろうと声をかけたら
「シベリア抑留さってだときの方が
寒いっけがらなぁ(笑)!
じいちゃんは大丈夫だぁ」って笑ってた。
励ますつもりだったのに、
私が笑わせてもらうなんて。

それでも海を愛す

匿名希望

何か…震災関係のニュースやら特集やらで
被災者でもない私が悲しんだり、
ましてや泣いたりするなんて、
こう、絶対ちがう気がして、
ものすごく失礼な気がして、
絶対にやめようと思っていたのに、
津波の被害にあった男の子が
「海が好きです」
と言ったときは、
涙が出てしまった。

パパの隣は安全地帯

@inomsk

娘三歳がぬいぐるみたちを
うんしょ、うんしょと
どこかに運んでいた。
「じしんがくるから、みんなひなんしたの」と言う。
しばらくして、
「さて寝るか」とパパの掛け布団を開いたら、
ぬいぐるみが全員寝てた。
思わず吹き出した。
いつもパパと寝てる娘三歳が、
「ここが安全」と思ってくれていて嬉しかった。

5歳の全額寄付

@access_kun

5歳の娘が
ユニクロの義援金の話を聞いて、
自己資金全額103円を募金するそうです。
ある意味ユニクロよりスゴイ。
こんな娘に育ってくれて、
本当にうれしい。
大人もがんばらんと！

未来を背負う子ども

@anelachan

息子が小学校で集められている募金に、
自分の貯めてきた
おこづかいの1000円を
にぎりしめて学校に行った。
そして今日は、
放送当番なので元気が出る曲をかけると言って
「ちっぽけな勇気」を持って行った。
息子を誇りに思う。
未来を背負うこの子たちの気持ちがある限り、
日本は大丈夫だと思ったら涙が出た。

お姉ちゃんごめん

@not12

うちの妹が泣いて帰ってきて、
何かと思ったら、
私の合格祝いを買うためにに貯めていたお金を、
「地震が怖すぎて
全部募金してきたからごめん」って
言ってきた。
もう言葉が出なかった。

心温まるラテ

@kaori59

毎朝行くスタバで5ドルを出したら、
お釣りに5ドル返ってきた。
「間ちがえてるよ」って指摘したら、
「いいの、元気出して。みんなから」と。
なんて優しいアメリカ人たち。
そのラテはextremely hotだった。

お代はいらない

@namhoon

昨日、韓国のツイッターで話題になった話。
悪名高い韓国タクシーで、
韓国駐在の日本人が
タクシーに乗ってお金を払おうしたら、
あっさり拒否されたらしい。
「日本人でしょう？
日本に帰ったら
このタクシー代を寄付しなさい」と。
国籍とか政治とかは別にして、
一般庶民の考え方はみんな同じ。

あのときの恩返し

@R1kUzz

ロンドンにいる友だちが
お財布をなくしたときに、
お金を貸してくれた中国人の友だちが
「お金は返さなくていいから
日本のために募金して」って言ってくれました!!
四川が地震のときに、
日本の救援隊が助けてくれたから
恩返しがしたいって。
感動!!! ありがとう。

イスラエルとパレスチナ

@malines_chico

今日、イスラエル人にヘブライ語で声をかけられた。
チンプンカンプンで困っていたら、
知り合いのパレスチナ人が通りすがり、
話してることを通訳してくれた。
「日本は大丈夫か？
僕は深く祈るから」と言ってくれた。
そしてパレスチナ人とイスラエル人が笑顔で
握手を交わしていた。
涙が出た。

みっともないから

@gatten_taku

さっき友だちの薬局に、
高校生くらいの若い男の子が
トイレットペーパーを返品しに来たとのこと。
聞いたら、
「親が昨日2つも買ってきて、
みっともないと思って返しに来た」んだって。
いまどきの高校生の口から、
みっともないって言葉が出てきたので
びっくりしたって言ってた。
日本の未来は明るいね。

さりげない気遣い

買い物に行った際、
レジで後ろに並んでた奥様方に
「買いだめとかして、思いやりないんやろか」
みたいなことを言われた。
そしたら顔馴染みのレジのお兄さんが
「いつもありがとうございます。
ご家族が多いと
毎日の買い物も大変ですね」って
声をかけてくれた。
ウチは8人家族。
泣きそうになった。

まいちゃんなりの節電

@app5293

「お前今日なんで髪ストレートなん？
俺巻き髪の方が好きって言ったべ」
「そーだけどー、まいにできる節電って
これくらいしか
思い浮かばなかったしぃー」。
電車の中でのギャルカップルの会話。
「日本全体が自分にできることを考えてんだな」
って実感して、なんかうるうるしてしまった。
まいちゃんイイネ！

何も言わずに行動

@s_hayatsuki

１階に下りて、
中部電力から関東に送電が始まってる話をしたら、
普段はＴＶも暖房も明かりもつけっぱなしの父親が、
何も言わずに
率先してコンセントを抜きに行った。
少し感動した。

顔を思い出して

@kazuminton

病院のレストランで働いてる母から聞いた話。
節電かな？
暗いレストランで食事中の老夫婦。
ただでさえよく目が見えない老婦人が
「じーさんの顔が見えないから、
昔のじーさんの顔を思い出しながら
食べることにしましょ」だって。
なんかいいよね〜。

つらいときこそ笑顔

@kannnonn

阪神大震災のとき、
当時小学生で完全にびびってたんですが、
余震のときに父親がいきなり立ち上がって、
「見ろ！　サーフィンじゃー」ってやりだした。
それ見て
「おとんが余裕ってことは
大丈夫かー」と思って
すごく落ち着いたのを強く覚えてます。
つらいときに誰かを笑わせることは、
不謹慎じゃないと思います。

復興の胎動

@omiwasan

少しずつ復興の胎動が感じられる。
ガレキと化したお店から
くしとハサミを見つけだし、
分解し、サビを落とし、油をさし、
一枚の鏡と一脚の椅子で
髪を切っていた床屋さん。
「**ハサミとくしがあれば、**
何とかなると思って…」
ふたつを優しくなでていました。
がんばれ日本!!

応援の寄せ書き

@m_yasuten

東北道国見ＳＡに置いてある
休憩中自由に書き込めるノートに、
東北へのたくさんの応援メッセージが書いてあった。
遠くは香港から支援に来た人、
また日本も全国各地の人たちが
メッセージを書き込んでいた。
今回の震災復興のために
本当に**多くの人たちが支えてくれてる**んだなと
改めて感じた。

野に咲く花

@raiko_uzen

津波で壊滅的被害を受けた地域の写真が
スライドショーで流れてた。
原町の海の写真、
新地の線路の写真があった。
そのなかに
タンポポの写真があった。
感動した。
どんな場所でもタンポポは
強く育って花が咲くんだな。

大きくなったら

保育園の卒園式で、
多くの男の子が
「大きくなったら**自衛隊になりたい**」とか
「**消防士になりたい**」と
発表してました。
父兄も先生も感動。

誰かのために

@hama_shun

今日の授業で、
一人の学生が震災を振り返り、
「とにかく無力だった。
だからここに集っているのかもしれない」と語った。
人のために勉強したい
そんな熱気あるクラスに僕もいる。
これはすごく幸せなこと。
たくさん勉強して、思考して、議論して、
確かな力を身につける。
それが自分のすべきこと。

結婚祝いは義援金に

@sogokazu

今日の新郎新婦は
「結婚のプレゼントは何がよい？」と聞かれ、
特になかったらしく、
「被災者の方への義援金に」 と。
感動です!!
きっと2人は
世界一幸せになれます。

海を愛する子に

@tokimune610

津波で身内と自宅を失ったご夫婦が、
生まれてきた赤ちゃんに
「浬（かいり）」
という名前をつけたそうです。
「困難を乗り越え、
海を愛する子になってほしい」と。
本当の強さだと思った。

名前に込めた願い

@harukouyumi

私の地元だけかもしれませんが、
２０１１年３月11日に産まれた
子どもたちの名前には
「希」「明」「愛」「心」という文字が
多く付けられているそうです。
新しい命の尊さ、
命の大切さを心から感じます。
産まれてきた大事な子どもたちが、
元気に明るく育ちますように。

3章 世界から届いた祈り

物資、募金、ボランティア、音楽、
メッセージ、そして祈り…
震災直後に世界中からさまざまな
形で寄せられたエールの数々は、
被災地がこれから「復興」へ向けて
立ち上がるための、大きな原動力となった。
それらはTVや新聞・ネットなどに
取り上げられるたびに、
いまもたくさんの感動を人々に与えている。
この章では、
今回の震災で日本のために行われた
世界の国々のサポートや企業支援のほか、
世界の同じ震災被災者からの手紙や、
東北出身の著名人から送られてきた
激励のメッセージなども紹介する。

from JAPAN ――日本

政府機関や民間団体による『復興』への取り組み

自衛隊

もしも今回の震災において、自衛隊の活躍がなければどうなっていただろう? おそらく2カ月たったいまも、町は瓦礫《がれき》の下に埋まり、多くの被災者の遺体が冷たい雪の下で凍りついていたかもしれない。寸断された被災地へ支援の車が走れるようになり、「せめて亡骸だけでも」と家族の遺体を探す人々のささやかな望みが叶えられたのも、彼らの活躍なくしてはありえなかっただろう。

防衛省の公式ホームページには、今回の震災における自衛隊の全活動がすべて記録されているが、給食・衛生・撤去・捜索・輸送・入浴支援……など、一度目を通せば、その活動がどれほど多岐にわたって、連日、過酷な救助作業が繰り広げられているかがわかる。

本来、自衛隊には、陸上・海上・航空の三部隊があり、それぞれが専門の領域で特徴を活かした支援を行っている。また、今回の福島原子力発電所における事故のように、特別な有事に際して設置された「原子力災害派遣」のような部隊もある。

彼らの仕事は原発上空の放射線濃度のモニタリングや原発周辺の瓦礫《がれき》の撤去など、常に危険がつきまとうものが多い。防衛省の記録では、地震発生翌日の3月12日、すでに2万人もの隊員が日本全国から災害派遣されており、4月27日現在では、人員約10万6500人・航空機約500機・艦船約50隻もの物量を投入して支援にあたっている。この人数は全自衛隊員のおよそ半数を占めている。

瓦礫撤去作業中の自衛隊員たち

警察

電気が通っていないために信号が点灯しない地域などでは、日本各地の警察官が現場に配備され、交通整理の作業にあたっていたことはあまり報道されていない。避難所や地域の集会所へ物資を運ぶ際に懸念された、渋滞や交通事故という二次災害は、彼らの手によって守られていた。

　また、強盗や窃盗が多発しているというデマが流れた際も、被災者に安心感を与えるためのパトロール強化を積極的に行うことで、精神的なサポートも担っていた。

消防

宮城県気仙沼市や千葉県市原市の石油コンビナートなど、一部の地域では津波によって大規模な火災が発生したが、そのために日本各地からハイパーレスキューと呼ばれる消防のスペシャリストが駆けつけ、消火にあたった。

　また、福島第一原子力発電所における放水作業において、被曝の危険を省みず作業に徹したその様子は、今でも忘れることができない。放射能のあふれる原発へ決死の覚悟で臨んだ彼らへのインタビューには、きっと多くの人が目頭を熱くしたのではないだろうか。

NPO

世界には大小合わせてさまざまな役割をもつNPO団体（非営利組織）が存在する。とりわけ日本のNPOは、世界でも高水準の組織力をもっており、被災地で作業をするNPOの元には、先に述べたような自衛隊や警察などの大きな機関には届かないほど細やかな救援情報なども続々と集まってくる。

たとえば「水が引かずに浸水したままになっている場所では、ぽつんと『島』のような所に、被災者が取り残されていることがあります」と、日本ユニバーサルデザイン研究機構（以下、日本ユニバ）の横尾さんは言う。彼女たちの団体は、そのような場所を「孤立被災地」と呼んで、積極的に救援活動を続けている。

「100人中98人を自衛隊や警察、国外支援団体などが救助・支援したとするならば、私たちの活動は、取り残された2人を救助するための全面的なバックアップを行うことなんです」と、活動を共にする日本ユニバの上野さんが力強く語ってくれた。

こうした草の根を分けるような地道な活動こそ、被災地で誰にも知られることなく生きづらさを味わっている人を救い出すための、大きな糸口となってくる。

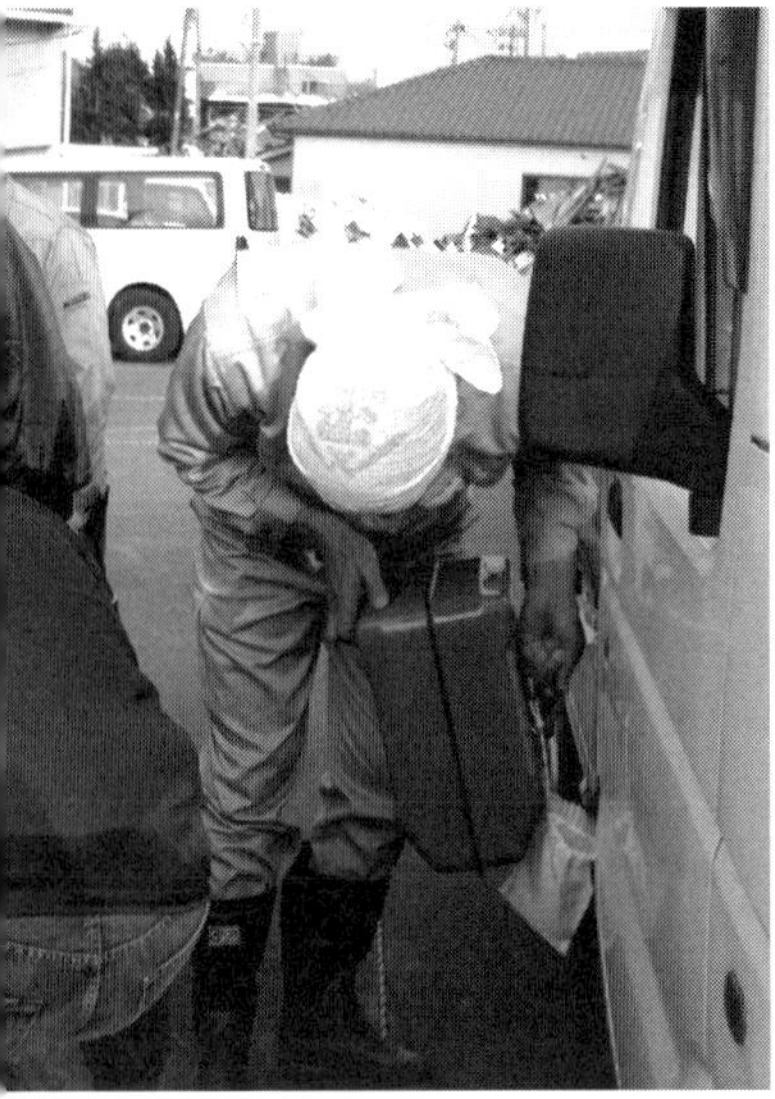

日本ユニバの孤立被災地への物資の配給。大型車が入りきらないような狭い場所にも救援も待つ被災者がまだ存在すると考えられている

NGO

「物の支援は一時的なものであり、本当に被災者の自立を支援するためには、何年にもわたる息の長い長期支援が必要なんです」

被災地支援が本来どのようにあるべきかについて、NGO団体JENの広報である濱坂さんが話してくれた。

紛争や災害により厳しい生活を余儀なくされている人々が、自らの力と地域の力を最大限に活かして、精神的にも経済的にも自立した生活を取り戻すための支援を、迅速・的確・柔軟に行なうことを活動の目的としたJENでは、そうした被災者の自立こそが、結果的に被災地の活性化につながると考える。

その活動の実例として、JENでは被災地支部における被災者の雇用なども積極的に行っているという。また、ボランティアを集めて家屋の泥のかき出しや食糧の炊き出しを行ったり、さまざまな企業との協力体制をつくり物資の無料提供を行う。同時に、今回の震災においても問題となっている、送られてくる支援物資の過剰な配給や部分的な支援不足をNGO同士が連携し防いでいる。互いの活動領域を情報交換し、把握することで、無駄のないスムーズな支援を行うために、今日もNGO団体は、できるかぎり被災者の立場に立つ支援活動を続けている。

同盟国の救援活動と祈り

Operation Tomodachi《オペレーション・トモダチ》

震災以降、さまざまな国が救援のために日本へとやってきたが、中でも真っ先に、とりわけ多くの人員・物資の支援を行ったのがアメリカだった。

アメリカ軍の原子力空母『ロナルド・レーガン』は、すでに13日午前4時には宮城県沖に到着しており、さらに駆逐艦や巡洋艦7隻も加わって、すでに現在までに1万8000人を超えるアメリカ軍の兵士たちが、救援活動のため日本へとやってきた。

軍隊の世界では、しばしば作戦にコードネームをつけて呼び合うことがあるが、多くの場合、そ

operation tomodachi のワッペン

れらは戦争のためにつけられるものだ。しかし今回、日本の救援作戦のために特別につけられたコードネームがある。誰からともなく「Operation Tomodachi（オペレーション・トモダチ）」と名づけられたそれは、いつしか多くの人の耳に届き、実際に被災地で危険な任務を遂行する兵士の士気を高めた。

またこの作戦には、非公式ながらも多くの兵隊がつけている専用のワッペンが存在する。

当初はある日本人が、救援活動に参加する沖縄基地の友人にお礼として製作したものだった。しかし、ワッペンの噂はすぐに広まり、「友情のあかし」として多くの米軍兵士たちの元へ届けられることになる。

日本人とアメリカ人が同じ言葉を胸に、敵としてではなく「友だち」として協力したことは多くの人々を勇気づけている。

アメリカは日本と共に立つ「Standing with Japan」

3月17日、アメリカのバラク・オバマ大統領は日本の状況に関する声明（Standing with Japan）というおよそ八分間の演説を行った。その大部分は、アメリカ本土における放射能の影響を国民に説明するコメントだったが、冒頭と終わりには、日本に対してのメッセージとして以下のように述べた（一部抜粋）

「この数日の間、アメリカ国民は日本の状況に心を痛め、とても心配し続けています。

想像を絶する数の死者をもたらした地震と破壊が、私たちにとって世界で最も親しい友人であり、同盟国である日本を襲う様子を、目の当たりにしました」

演説を行うバラク・オバマアメリカ大統領

写真提供：Photoshot/ アフロ

「……日本人の皆さんの持っている強さと日本魂によって、必ず日本が立ち上がり、復興、再建されると私は確信しています。
　ここ数日の間、日本では、ご自宅を開放し被災者を受け入れている方々がいます。彼らは、ほんのわずかしかない食料や水を分かち合っています。避難所をつくり、治療は無料で施され、最も傷つきやすい人々を優先的に助けています。ある方はこう言いました。
『これが私たちの文化です。困難に直面したとき、日本人はお互いを助け合うのです』……（中略）
　このような災害は、私たちが同じ人間として共有している人間性について改めて考えさせます。福島で懸命に活動する人々の姿や、70カ国の国々から大量に寄せられる支援、あるいは、奇跡的に助け出された子どもの泣き声からも、私たちはみんな同じ人間であることを知るのです」

ニューヨーカーの反応と支援の輪

大災害が起ってから、どのメディアも24時間体制で日本の震災を報道しています」と、ニューヨーク在住のジャーナリスト佐藤めぐみさんは言う。そして、「毎日のようにメールや電話で、励ましの言葉が届いている」と。

　佐藤さんは、世界を舞台に活躍する女性の一人として今回の震災関連の情報を集めていた日本のFMラジオ番組『world flowers network』内で、ニューヨークの現在を伝えてくれた。

　まず街でキャッチしたニューヨーカーたちの災害への反応はどうだろう。

「地震や津波、そして原発問題、みんなが日本のことを考えて祈っている」「信じられない悲劇で緊急事態、世界が今日本を助けるべき」など、さまざまなエールや祈りが寄せられた。そして、実際に街全体が日本のために動き出している。

ニューヨークのブルームバーグ市長は、日本のために救援基金を立ち上げると発表し、市役所の何でも相談ナンバー311をダイヤルすれば簡単に募金できるようにした。続いて、『ニューヨークタイムス誌』「yahoo!」などあらゆるメインストリームのメディアで救援情報や募金方法を送信し、それがfacebookやtwitterを通じてものすごい早さで世界中に広がっているという。

企業や団体だけでなく、さまざまなスポーツ選手や有名なセレブも今回の募金に貢献している。ニューヨークヤンキースはおよそ800万円、ボストンレッドソックスは500万円を被災者に寄付すると発表したほか、レディガガのブレスレット募金には、2日で2500万円も集まったというニュースを、すでに知っている人も多いだろう。

最後に、一人で10ドルも20ドルも募金をしてくれたたくさんのニューヨーカーたちが、日本の人々へメッセージを送っている。

「みなさん、どうか助け合って。大変になればなるほど、強くなって」

「頑張って強い気持ちでいて。そしてできる限りの助けを受けてください。あきらめないで」

「私たちは自分たちへの放射能の影響を心配しているだけではありません。あなたたちの国を必ず助けます」

「祈っています。とにかく皆さんのために祈ります」

「強くいて。そして助け合って。みんなが力をあわせればきっと乗り越えることができます」

「日本のみなさんのベストを祈ります。そして発電機の冷却作業をしている人はヒーローだと思います。彼らは本当に勇敢だ」

アメリカ在住の新妻さんが始めたニューヨークでの募金活動の様子。
その活動を見た通りすがりの日本人が自主的に加わった

ニューヨークに住む日本人

ニューヨークに住んでいる若い日本人たちも自分たちも何かできないかと、立ち上がる人はけっして少なくない。福島に家族や親戚がいる新妻さんたちも、ダウンタウンの若者が集まるユニオンスクエアで、募金活動をしていた。

新妻さんは、パソコンの前で情報収集しているうちに、居てもたってもいられなくなって、少しでも助けになればと一人で募金活動を始めた。現在、新妻さんと一緒に募金運動をしている数人の日本人は、驚くべきことにすべて通りがかりの人だった。

「最初は誰かをさそってやろうと思ったけど、それをしている時間も惜しくて、震災の翌日から1人で始めたんだ」

そんな風に話す新妻さんの思いが、同じ境遇で暮らす日本人たちに伝わったのではないだろうか。

アメリカのメディアの反応

「阪神・淡路大震災以降、多くの資金を投じて地震に強い建物を造るために研究を重ねてきた。近代的なビルは世界で最も頑丈であり、沿岸地域全体には津波警報の標識や強固な堤防、わかりやすく表記された避難ルートによって災害に備えている。日本人にとって避難訓練は当たり前のことであり、世界で最も災害対策が進んだ国である」

——**ニューヨーク・タイムズ**

ＣＮＮは、二〇〇五年に米国で起きたハリケーン・カトリーナの災害や二〇一〇年のハイチ大地震を例に挙げ、「災害につきものの略奪と無法状態が日本で見られないのはなぜか」という意見を募集した。すぐに視聴者から日本には「敬意と品格に基づく文化」があり「愛国的な誇り」をもっているためと分析、「チャンスを最大限に活用する人々で、進んで助けたくなる」とのエールも寄せられた。

——**CNN**

「……（地震のとき）私は混乱していましたが、まわりの日本人はちがっていました。落ち着いて周りの人に声をかけ合って、お互いの状況を確認し、励ましながら助け合っていました。日本人は偉大だと思います。これなら大丈夫だと思いました」

――CNNのインタビューにコメントした千葉在住のアメリカ人学生

「人口一億二六〇〇万人の島国が、一九〇〇年以降五番目に大きな地震に耐えているのは注目に値する。日本が母なる大地からの急襲に備えて生き残る準備をしっかりとしていたことには感心せざるをえない。日本は自然災害にどのようにして立ち向かっていくべきなのかを世界中に示している」

――ウォールストリート・ジャーナル

「一人の女性が本棚の下敷きになり、足首を骨折しながらも、救急救命士に迷惑をかけたことを謝罪した上で、自らの救助よりも優先すべき人がいるのではないかと尋ねられた」

――ロサンゼルス・タイムズ

from CHINA

――中国

地震に対する大国の反応

2010年の四川大地震が記憶にも新しいように、過去に同じ地震の被害に悩まされてきた中国でも、今回の震災のニュースは常にトップ記事を飾った。地震発生時、中国では第11回全国人民代表大会が開催されていた。このイベントは、日本で国会に相当する重要な議会として知られている。にもかかわらず、翌日はほとんどの中国紙の一面が日本の震災報道を真っ先に掲載したことからも、今回の震災に対する中国の関心の高さがうかがい知れる。

各紙の報道は、日本の防災対策を高く評価し、感嘆する内容が目立った。「日本大地震はわれわれに何を告げたか」と題された『新京報（電子版）』の記事は「教師は最後に電気を消してから教室を離れ、避難民は暗闇の中で秩序正しく並び救済物資を受け取る」日本人の冷静な姿を高く評価している。また、各家庭が用意していた防災袋や定期的な防災訓練といった習慣についても、「日本の日常には防災意識が深く根づいている」として、多くの中国メディアが紹介した。

中国各地で日本のために祈りをささげる僧侶たち。震災以降、このような活動が各地で行われている

写真提供：Photoshot/アフロ

震災の記事を掲載したイギリスの各新聞紙。日本語でのメッセージがイギリス人の目をひいた

地震を知らない国

地震がほとんどないイギリスでは、生まれてから一度も地震を体験したことのない人も多い。しかし震災の事実を伝えるメディアは、これまでにない量の記事を掲載した。『英インディペンデント紙』は、13日付の1面全体に日章旗を象徴する白と赤で満たし、英語と日本語で「がんばれ日本、がんばれ東北」と激励のメッセージを入れた。このページの量は、ウィリアム王子の婚約が決まったときと同じボリュームだった。また12日付の『英タイムズ紙』には、一面に写真を組み、見開きで3ページの特集まで追加された。地震の悲惨さを伝えるだけでなく、救助の様子を豊富な写真を交え報道し、科学的な見地から津波の影響や建物の構造について記載した。

from FRANCE ──フランス

日本から遠く離れて感じた絆

3月19日と20日の二日間、パリの名所でもある凱旋門に手づくりの日の丸国旗を持参して、傷ついた日本のために人々から寄せ書きを募ろうという試みが行われた。発起人である漆原千賀子さんは、パリに暮らしてもう9年になるという。

「震災から数日間、パリにはこんなにたくさんの日本人がいるのに、パリの町を歩いても、日本の国旗を1つも見かけませんでした。これではいけない。とにかく何かしなくてはという、いてもたってもいられない気持ちから、日の丸をもってここにこようと思ったのです」

そう語る漆原さんは、チームリボンとして活動している仲間や、パリに住む友人と共に、凱旋門を赤と白でいっぱいにしようと決めた。なぜかフランスの人たちは折り紙のことをよく知っていた。そこで漆原さんたちは、一人ひとりに手書きのメッセージと鶴を折ってもらい、千羽鶴と共に被災地へ日の丸を届けようと考えた。

周りに誰もいなくても、一人の決意や意思が、人々を動かし、大きな力を生むことがある。祈りを送り届ける側にも、今回の震災は大きな影響を与えていたようだった。

フランスで集められたよせがきに書かれたメッセージ。さまざまな国の言葉で日本を応援するメッセージが書かれている

from KENYA

届けられた歌声と祈り

ケニアの首都ナイロビにあるキベラスラムのマゴソスクールは、困難な状況にある子供たちのために地元の人々と共にナイロビ在住の早川千晶さんが、力を合わせてつくった学校だ。

いまではスラムの中の寺子屋的な存在として人々に広まり、４００人以上の子どもたちがこの学校に通っている。これまでマゴソスクールの子どもたちは、たくさんの日本人と交流をしてきたが、今日の震災で設立当初からこの学校をサポートしてくれている石原邦子さん（ＮＰＯ法人アマニ・ヤ・アフリカ）という方が被災し、大きなショックを受けた。

母親のように慕っていた石原さんが寒い避難所暮らしをしていると聞いた子どもたちは、石原さんと日本のために何ができるかを考え、歌を歌い、祈ることにした。

この歌が動画投稿サイト「youtube」にアップされるやいなや、彼らの純粋なその歌声が、大きな話題を呼んだ。ときに涙を流しながら歌う子どもたちのメッセージは、日本とアフリカの大地をつなぐ絆として今も繰り返し再生され、人々に勇気を与え続けている。

——ケニア

ケニアのマゴソスクールの生徒たち。仙台で石原邦子さんの手によって始められた交流支援団体アマニ・ヤ・アフリカによって運営されているが、今回の震災で仙台の事務所がが被災。支援活動への影響が懸念されるため、一刻も早い被災地の復旧が望まれている

from TIBET ――チベット

ダライ・ラマ法王の祈り

チベット仏教の最高指導者として世界的に知られるダライ・ラマ法王は、3月11日の日本の震災を知り、強い衝撃と深い悲しみの中で、翌日からインド北部のダラムサラ（現チベット亡命政府の拠点）において、およそ3000人の僧侶・尼僧・一般人とともに般若心経を10万回読経する儀に入った。

ツクラカンと呼ばれる僧院の御堂に集まった彼らの読経は、朝6時から夕方4時ごろまで続けられたという。

政府の救命援助や物資支援が生きている人間へのサポートだとすれば、ダライ・ラマ法王の読経による祈願には、今回の震災でなくなった被災者たちの鎮魂と、その親族・友人への慰安のメッセージが込められているだろう。

4月29日、ダライ・ラマ法王は、日本において、被災者の鎮魂を目的とした四十九日の法要を執り行うという。仏教において、死者の魂は四十九日の間、現世と来世の間をさ迷っていると信じられているため、その魂が迷うことなく無事に解き放たれるよう、祈りを捧げる。

突然、思わぬ悲劇に見舞われて命を落とした数多の魂に対し、私たち残されたものができることは、死者の存在をいつまでも忘れることなく、自らの生をにまっとうすることではないだろうか。

国籍・宗派・人種を問わず、祈りを捧げる法王の姿に、そんな人間のもちうる気高く優しい知性のあり方を垣間見た。

from TURCO ——トルコ

120年に及ぶ交友関係「日本に恩返しをしたい」

親日家の多いトルコ共和国。その交流の歴史は、実は私たちが思っている以上に深い。

今からおよそ百二十年前、和歌山県串本町大島の洋上に一隻のトルコ軍艦「エルトゥールル号」が遭難した。島の住民が遭難者の救援活動を献身的に行い、国も生存者や遺族に対し手厚い支援を行った。このときの交流が、日本とトルコの友好関係の始まりとされている。近いところでは一九九九年のトルコ・マルマラ地震での日本による現地での支援活動もある。そうした記憶を受け継ぐトルコ人は、「日本に恩返しをしたい」という強い思いをもっているという。そのため、トルコが日本を助けてくれた例もある。

1985年3月17日には、イラン・イラク戦争に巻き込まれた中東在住の日本人をトルコが国を挙げてサポート。トルコの旅客機2機が日本のために援助したという出来事があった。

あまり知られていないが、今回の震災でも、トルコは海外の救援隊では最長となる3週間もの間、被災地での支援活動を行った。宮城や岩手の三カ所で瓦礫《がれき》の撤去や安否不明者の捜索などを精力的に行い、両国の絆はさらに深まりを見せた。

日本人留学生が中心となったトルコでの東日本大震災被災地に向けての義援金募集イベント。ただ義援金を募るだけではなく、日本と同じく地震国であるトルコの人々と震災時に必要な知識や情報を共有できる場にしようと始められた

世界の被災地から東北へ

四川省什邡市　周楊さん

親愛なる日本の皆さんへ。

皆さんはいま、通常ではとてもありえないような苦しさを体験されていることと思います。毎日の暮らしは、これまで経験したことのない混乱に陥っているのではないでしょうか？　生活に何の希望も失くなっているのではないでしょうか？

でも、信じてください。いずれこれらが必ず過去となることを。すべてが普通の出来事になり、未来には明るい生活が待っています。これは嘘ではありません。私がこの身をもって体験した、本当の話です。

三年前、四川大地震の記憶はいまでもはっきりと記憶に残っています。外の世界と遮断され、気温が突然下がり、悪いうわ

四川地震当時、周楊さんは高校3年生だった。大学受験の準備のために勉強している際に被災した

四川大地震——
2008年5月12日
中国・四川省を震源地とするマグニチュード7.8の大地震が発生。
死者・行方不明者は6万人を超えた。

さが飛び交う毎日。さらには温疫が伝染する、洪水が来るだとか……そのときの私は、怖くてしょうがありませんでした。明日、またどんな災難が起こるのかと毎日怯えていました。自宅にいて、何もしていなかったから、次はどんな災いが起こるのかと悪いことばかり想像して余計に怖くなりました。

数日経ってやっとラジオで地震の状況を知り、病院にボランティアが不足していることを知り、クラスメイトと一緒に病院へ向かいました。そこで私が見たのは、生命を持続するために必死になっている人たちの姿でした。沢山のボランティアの人たち(10歳にも満たない子どもまで!)が見知らぬ他人のために必死になっている。そのとき私は、希望と説明のつかない人の温もりを感じました。私はそのチームに交じって薬品やお米を運んだり、野菜を洗ったり掃除をしたり、何でもやるようになりました。その中で、私は生活に自信ができてきたと思います。

私はいま、大学三年生です。家族は新しい家に引っ越し、私の故郷も少しずつではあるけど発展してきています。日本の皆さんも、地震の災難の中から歩きだしてくれることを切実に祈っています。人と人との間には愛があり、それが何にも勝ることを信じて。亡くなった方々には安らかなる眠りを、生き残った方々には強い心を。

チリ・サンティアゴ

近藤元子さん

こんにちは。まずは東北のすべてのみなさんにひとこと、がんばれ東北!

昨年のチリ地震のとき、私は震源地から300キロ以上離れているところにいました。それにもかかわらず、大きな地鳴りがして、激しく揺れ、恐怖を感じました。チリのときも、今回の日本のように津波で大きな被害を受けました。

しかし、地震の直後にチャリティー募金が始められ、すぐに目標金額に到

日本にある支店を励ますため、社員有志が千羽鶴を折った。折り方はyou tubeで見て覚えたという

チリ地震——
2010年2月27日
チリ中部沿岸を震源地とするマグニチュード8.8の大地震が発生。
死者行方不明者800人以上。

達しました。また、政府によって仮設住宅の建設が進められました。ただ、1年経った今でも、すべての地が平等に復興したわけではありません。メディアの方でも被災地を取り上げることが減ってきて、情報が入りにくくなっています。

復興には時間がかかると思いますが、被災というものは一時期の問題ではありません。何年経ってもそのことを伝えていくことを止めずに、ずっと続けて見守っていくこと、支援し続けていく姿勢が必要になってくると思います。

今回の地震でも、ちょうど日本と反対にあるチリにも津波がやってきました。前回のときには、政府が発表した「津波の心配はない」という誤報のために、多くの人が亡くなってしまいました。そのため、今回はかなり慎重な対応をし、私の知るかぎりでは人的被害はありませんでした。災害時に助け合ったり協力したりすることで生まれた交流もあります。

日本では、復興にまだまだ時間はかかると思いますし、行方不明の方もたくさんいらっしゃると聞きます。私も東北出身なので、ほんとうに心が痛む思いです。しかし、必ず復興へ向かえると信じています。同じ経験をしたチリも応援しています。がんばりましょう！

インドネシア・ジャカルタ在住

轟英明さん

スマトラ島沖地震では、私の妻が津波の最大の被災地のひとつであるアチェの出身でした。3月11日に今回の地震が起こったとき、私の所にもアチェに住んでいた友人たちから、同じ津波の被災者として多くのメッセージが寄せられました。他の多くの国々と同じように、インドネシアでもすぐに地震の翌日から、日本への留学経験者たちが集まって、それぞれの意思で募金活動を始めていました。

スマトラ島沖地震のとき、日本を含めて海外からたくさんの支援があり、一年で復興へと向かい始めました。瓦礫《がれき》の山が少しずつな

轟さん一家。スマトラ地震のときは、轟さんの奥さんであるマウリさんの実家アチェが被災、壊滅的な被害を受けた

スマトラ島沖地震——
2004年12月26日
インドネシア西部スマトラ島北西沖を震源地とするマグニチュード9.1の大地震が発生。死者行方不明者22万6000人以上。

くなっていくのを、私はこの目で見てきました。知らない人からEメールで励ましの言葉をいただいたり、義援金を送っていただいたりしたときほど、人と人とのつながりが大切だと痛感したことはありませんでした。

実際のところ、被災から一年ほどは、軽い鬱らしく何をする気も起こりませんでした。初対面の人の前でも感情が抑えきれなくなって、思わず泣いてしまったことが何度もあります。しかし、そうしたときに周りの人が、黙って私の話を聞いてくれたことが本当にうれしかった。

もし皆さんが、被災者の方やその家族に会うことがありましたら、どうか彼らの話に黙って耳を傾けてあげてください。それだけでも、十分に役に立てることがあります。誰かが話を聞いてくれる、それだけで被災者の心の負担が軽くなることは確かにあるのです。

そして被災地の方々、みなさんは絶対に一人ではありません。今、そしてこれからも、インドネシアだけでなく、世界中の人々が日本のことを見ています。瓦礫《がれき》の山があるその場所も、必ず復興することができます。私たちがそうでした！　大丈夫です。日本ならきっとできる。そう信じています。

ハイチ共和国
ピースウインズジャパン・ハイチ代表
北原聡子さん

２０１０年、ハイチで大きな地震が発生した直後に私たちはハイチに入りました。瓦礫《がれき》や住居の倒壊がひどく、崩れる恐れがあったので、人々はみな、夜はずっと道端で休んでいました。今回の地震と同じように、多くの人がすべてを失っていました。復興のために、日本からも緊急支援として瓦礫《がれき》を片づけるための工

ピース・ウインズ・ジャパンのハイチ支部。ハイチ地震以来、さまざまな国の人々が支援のためにハイチに滞在している

ハイチ地震——
2010年1月12日
ハイチ共和国を震源地とするマグニチュード7.0の大地震が発生。
死者行方不明者31万6000人以上。

具を配ったり、被災地域の学校などの再開支援したりしてきましたが、あれから1年2カ月が経っても、まだまだ崩れている家もあり、復興の進度は遅いといわれています。

ハイチは西半球の中でも最も貧しい国という問題も抱えていて、それでも貧困に負けずに打たれづよく生きています。今回の日本で地震が起こったと知って、たくさんの人から心配の声をかけてもらいました。ハイチ地震のときに日本から送られてきた教材で勉強していたある小学校では、みんな自分になにができるかを考え、「ぼくたちは貧しくて日本のために支援できるものはないけれど、祈ることはできるから、みんなでお祈りをしよう」と言ってみんなでお祈りしています。

祈ることは、直接的な支援には結びつかないかもしれませんが、いま自分たちができることをするというのが大切なことなのではないかと思います。どんなことも、まずはその地域のことを知って、身近に感じることで、初めて支援の第一歩につながります。

ハイチの復興も、日本のこれからも、まだまだやらければいけないことはたくさんありますが、どうか継続した支援をお願いしたいと思っています。

アメリカ・ニューオーリンズ

藤井美紀さん

3月11日の地震は、こちらでもCNNはもちろん、地元のニュースで毎日のように報道されています。今日も80歳の女性とその孫が救われたというニュースを見ました。地震のとき、こちらでは真夜中の12時でしたが、ニュースを聞いてあわてて飛び起きました。

2005年にカトリーナと呼ばれる大型ハリケーンがこの町に上陸したとき、私は妊娠していました。運よくその前日に避難することが出来ましたが、カトリーナの影響で市内の8割が水没しました。あれから6年、この街もずいぶんと復興してきています。家が水没したミュージシャンたちも少しずつ戻ってきて、いたるところで音楽を演奏していました。

ハリケーン・カトリーナ——
2005年8月末
アメリカ合衆国南西部を襲った超大型のハリケーン。
死者行方不明者1500人以上。

バーやレストランも、彼らに少しでも多く仕事を与えることで、みんなで協力して復興へと向かいました。私たちにとっては、音楽が大きな力を与えてくれたと思います。被災者の方々、どうか希望を捨てずにがんばってください。ニューオーリンズも時間はかかりましたが、こうして着実に復興へ向かっています。アメリカだけでなく、世界中の人々が、日本を応援しています。

ニューオーリンズでカトリーナのすさまじい破壊を目の当たりにしたジャズシンガー／バーテンダーの藤井美紀さん

さまざまな企業のサポート

ユニ・チャーム

現場の迅速な判断で紙おむつを即時提供

衛生用品メーカーのユニ・チャームは、子ども用紙おむつ約20万枚、大人用紙おむつ約12万枚、生理用品約45万枚、ウエットティッシュ・おしりふき約１８０万枚、マスク約68万枚などを支援物資として被災地に送った。ユニ・チャームでは、東日本の生産拠点である福島工場と東北の物流センターが被災。使用済み紙おむつを丸めて捨てるときに使うテープが入手できず、製造も止まるかに思われたが、現場の迅速な判断により簡易版おむつの製造が提案され、即座に生産を再開。被災地への迅速な支援と、全国への安定供給を実現した。

ユニクロ

NGOと連携し被災地に衣料物資の支援

ファーストリテイリンググループ（株式会社ユニクロ）は、今回の震災で特に被害が大きい宮城、岩手、福島、青森、茨城の各県に対し、被災地への支援物資として、宮城県約47万着、福島県約30万着、岩手県約5万着、茨城県3万着を発送し、3月15日には国際NGO団体JENとの連携をもとに各地域へ直接配布を開始。生活ニーズの高い防寒衣料のヒートテック30万点をはじめ、各種肌着類、各種アウター類、ジーンズ類、タオル類など、ユニクロ・ジーユー両ブランドの衣類、約7億円相当を送った。また、社員約50名も現地におもむき、NPOなどと協業して物資の配布などのボランティア活動を行った。

吉野家

被災地で1日3000食の温かい牛丼を提供

吉野家は、地震発生直後より現地での炊き出し活動の準備を進め、発生から約1週間後には岩手・宮城県で、4月には福島県で活動を開始した。

吉野屋では、調理場と給湯設備をもち、温かい牛丼をその場で提供できるキッチンカー「オレンジドリーム号」を3台保有している。今回、東北〜関東・中京・関西の3台を集結させ、現地に派遣し、1日1台あたり牛丼約1000食、3台合計3000食を無償で提供した。温かい食べものを口にするのが困難な状況下で、親しみ慣れた牛丼の味は被災者を心身ともにケアした。

セブンイレブン

冷蔵トラックを改造し店舗として営業

コンビニ各社では震災直後から、ペットボトル飲料、パック入りご飯、お菓子など食料品を中心にさまざまな物資を、全国の倉庫や取引先から集め、被災地に提供した。セブン-イレブン・ジャパンでは、店舗営業が再開できない宮城県内の4カ所で、配送用の冷蔵トラックを店舗に改造し、移動販売を開始した。冷蔵管理が必要な弁当や飲料などの食料品は車内のコンテナで販売し、加工食品やトイレットペーパーなどその他の生活必需品は車外に陳列して約100品目を販売した。遠出ができない被災者のために、駐車スペース2台ぶんあれば営業できる移動販売車は重宝されている。

大和ハウス工業

応急仮設住宅用建材を提供

大和ハウス工業では、救援物資として毛布約1400枚、ミネラルウォーター約7000本、マスク約49万枚のほか、軍手やタオル、懐中電灯などを被災地に送った。また、本社のある関西を中心に、応急仮設住宅の建設に必要な部材の生産に着手。一般住宅用の製造ラインを応急仮設住宅用に改造して体制を整えた。また鉄骨部材や玄関ドアサッシなどを製造し、4tトラック約1600台、10tトラック約800台（4月20日現在）分の部材を、東北工場に向けて出荷した。今回の震災では6万2000戸以上の仮設住宅が必要とされており、住宅メーカー各社で分担して建設を進めている。

積水ハウス

事前対策により迅速な支援を実現

積水ハウスでは、以前から震災や災害に備えて万全の準備をしていたため、対応の早さが目立った。まず、東海地震対策として静岡工場に備蓄していた物資を、地震発生から3時間後には被災地に向けて発送。非常食約2000食、ミネラルウォーター約2800本、簡易トイレ約150個、毛布約80枚などが行政よりも早く現地に届けられた。また、仙台赤十字病院との間で災害発生時の支援協定を結んでいたため、地震の翌日にはテント3張を設置。さらに千葉県浦安市では、液状化による上下水道の被害で困っていた住民に向けて、翌日には公園に仮設トイレを手配。迅速かつきめ細かな対応に、感謝の声が多数寄せられた。

ふんばれ東北！

東北っ子からの励まし

2011年4月15日、非常に恥ずかしい思いをしました。

この日は、宮城県に住んでいる両親の元を訪れていました。両親が住んでいるのは牡鹿半島の先端に位置する、鮎川港と呼ばれている町です。町は津波に飲まれ、郵便局やお土産屋などの建物が、柱しか残っていない状態でした。それだけでなく、地盤沈下の影響で港が沈み、船が近寄れないという状況。そして、周りは瓦礫の山。

両親は高台に住んでいたこともあり、命も家も無事でした。が、両親の知り合いで亡くなった方もたくさんいるとのこと。そして、母親から、「今は外出しているけど、隣の部屋に家が流された友達が住んでいるからね」といわれたんです。両親が無事でホッとしている中、「その人が帰ってきたら、震災の話は避けるべきなのか。神妙な顔をするべきなのか。明るく接する方がいいのか」と頭を悩ませました。どんな態度が失礼じゃないのか、と。

しかし、両親の友人が帰ってきて、そんなことを考えていたこと自体、失礼だと気づかされました。というのも、その人が底抜けに明るいんです。これから生きていかなきゃいけないんだから、落ち込んでても仕方ない、と。

その後も、近所の人がたくさん遊びに来たんだけど、ホントに明るい人ばかり。震災の話になっても、現実を受け入れた上で、「もっと大変なところもあるしね」とまで言ってるんです。家が流され、知人が亡くなっているのに。

自然災害が起こると、人は無力だと思うものです。しかし、実家に3日間いて、たくさんの人の話を聞いて、「人って、どれだけツおい生き物なんだ」と思い知らされました。人間の生命力こそ想定外である、と。

そんなこともわかっていない自分が恥ずかしいと思ったのです。

阿蘇山大噴火

お笑い芸人。山形県出身。1974年生まれ

このたびの震災で被害を受けられたすべての方に
心よりお見舞い申し上げます。

今、日本中、いえ世界中が皆様の味方です。
ゴールの見えない中で走り続けることは
とても苦しいことだと思いますが、
「あのときは大変だったね」といえる日が必ず来ます。

僕たちはその日まで皆様を応援し続けます。
すこしづつ、休みながら、でも確実にゴールをめざしましょう
やまない雨も
終わらない冬も
明けない夜もありません

梅沢富美男

俳優・歌手。福島県出身。1950年11月9日生まれ

みんな頑張ってけろ！

外もしばれで

かなり、がおると思うげど

テレビ見だっけ

べっこずつだげっと
確実に、みんなの所さ

水や毛布や食料など
行ぎ届いでるみただがら!!

あど、

オライの父ちゃんが言ってだげっとも

「神様は、乗り越えられない試練は与えない」

ってよ！

まだまだ、辛くてしんどい日が続くど思うげっとも

みんなで力合わすて
頑張っぺし!!

オレもぜってー

皆のどこさ会いさ行ぐがら

待ってらいん!!

狩野英孝

お笑い芸人。宮城県栗原市出身。1982年生まれ

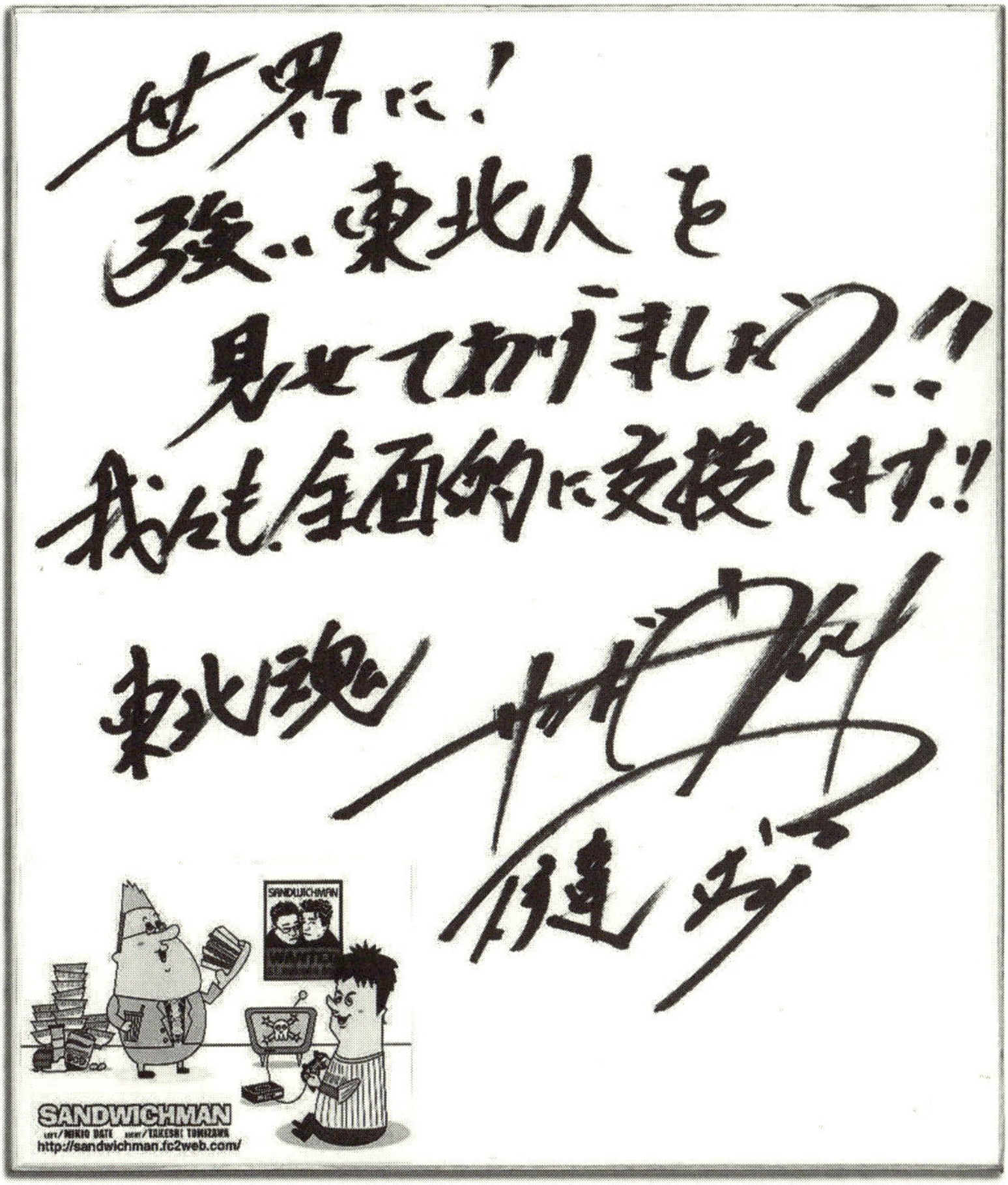

サンドウィッチマン

お笑い芸人。
㊧［伊達みきお］宮城県出身。1974年生まれ
㊨［冨澤たけし］宮城県出身。1974年生まれ

この大震災で、仲間の家族が亡くなりました。
被災している友人もいます。

僕も同じ東北出身者として、悲痛な思いをしています。本当に他人事ではありません。

被災している方々は、悲しみや不安の中で闘っています。

大切なのは、被災していない私達が、今出来る事をいかにやれるか、がんばれるかです。

もちろん各々の生活がありますので、募金等、一概には言えない部分もありますが、出来る範囲の中ででも、やらなければいけないときだと思っています。

僕が出来ることのひとつとして、街頭募金活動やチャリティー企画等に参加しています。
とても沢山の方々の優しさに触れる事が出来ました。

そんな中で感じたのは、この事実を今後も決して忘れてはいけないという事。

復旧、復興に向け、今こそ皆がひとつになるときです。
一人ひとりの力は小さいかもしれないけど、皆の力を合わせれば凄い力になります。

先は長いかもしれませんが、絶対に笑顔を取り戻しましょう！！
決して諦めない、絶対に負けない！という気持ちを持って、底力で乗り越えて行きましょう！！

心の底から、
がんばろう日本！！

トモ（テツ＆トモ）

お笑いコンビ「テツ＆トモ」メンバー。山形県出身。1970年生まれ

まず、被災された皆様にお悔やみ申し上げます。
被災地の人を支えようとがんばってくださってる皆様、
ありがとうございます。

私は、岩手県の海沿い出身です。
今回の地震は、本当に忘れられない物になりました。
つらいこと、悲しいことも沢山あり、それでも皆様ががんばっている姿を
ニュースで沢山見て、色々な感情で胸がいっぱいになりました。
私はあの3月11日の地震の瞬間、仕事をしていました。
訳もわからず涙が沢山こぼれたのをおぼえています。
それからテレビを見て、事の重大さを知り、3月16日、実家に帰りました。
食べ物、飲み物が買えない、燃料も無い。
私は正直、悲しいという感情より、
知らない場所なんじゃないかと疑いそうになりました。
それでも、そんな状況でも、私の家族、私の周りの人は、
強く、笑顔で、助け合っていました。
人間って、こんなに強いと思ってなかった。
驚きました。
みんなで助け合って、みんなで励まし合って、
がんばろうとしているその姿に、私もがんばらなきゃと、
背中を押してもらいました。
私が好きな本に、こんな言葉がありました。

この世においておこる事柄に無駄なことなど何ひとつないんだよ
たとえそれが耐えがたいほどつらいことでも

私はこの言葉を信じ、前向きになりました。
そして強くがんばる毎日を忘れないように。

これを読んでくださった皆様、本当にありがとうございました。
前向きにがんばってくださってる皆様、本当にありがとうございます。
一緒にがんばりましょう。

仲村みう

元グラビアアイドル（現所属事務所エートップ代表取締役）。岩手県出身。1991年生まれ

地震が起きたとき、仲谷は出先でお仕事の撮影をしていました。
震源地が東北というニュースを聞き、岩手にいる兄にメールをしました。
「家の中はぐちゃぐちゃだし、停電だから片づけられないけど…
何とか大丈夫！」
と返信が来て…無事でいたことに、本当に、すごく安心しました。
正直に言うと、私は今、皆さんにどんな言葉をおくればいいのか、
言葉がみつかりません。
だから仲谷は今、自分にできることを精一杯やります。
節電、節水、そして周りにいる皆さんを笑顔にする事。
私たち、AKB48の専用の劇場では、照明を５０％の状態、
舞台のセリを使わないで公演をやっています。
このようなステージでも、
少しでも多くの方が笑顔になればよいなって思います。
近いうちに、岩手には行きたいと思っています。
皆さんの笑顔が早く見たいので、本当に近いうちに。

今は大変かと思いますが…時間はかかっても、
皆さんが笑顔になる日々は絶対戻ってくるはずです。
頑張りましょう！…は、
もしかすると皆さんの負担になっているかもしれません。
皆さんは踏んばって、がんばってきてるんですから。
笑っていましょう。
笑顔でいましょう。
私たちの力が少しでも、皆さんの元に届きますように。

AKB48 仲谷明香

AKB48 Aチームメンバー。岩手県出身。1991年生まれ

小さな平和な島国である日本が世界中に大きな影響を及ぼした3月11日の大惨事。20年間生きてきて初めて経験した震災だったけど、私より遥かに長く生きてきた方々でも経験したことのない未曾有の災害だそうです。少し前まではテレビを付けると、悪夢のような光景ばかりが映し出されていました。今もまだ大変な状況が続いていますが、笑顔が溢れていたり、温かい言葉が聞こえてきたりと、一番辛い場所にいるはずの被災者の皆さんが逞しくいて下さることに明るい未来への希望を感じています。震災前と現在の状況がこんなにも異なり、今出来る事に全力を注がなければいけないのですが、私自身も含め”今”を大切にしていかなければと思います。明るい未来への復興の思いを胸に、明日明後日、来年へと確実に繋がっていく”今”が私たちにはあるのです。生きたくても生きられなかった方の分まで、今を大切に前を向いていきましょう。私にとって東北は故郷であることだけでなく、本当に思い入れの強い場所です。私の誇りであり、大好きな東北をいつまでも想い続けていきます。
「がんばれニッポン！がんばれ東北！」

渡辺未優

グラビアアイドル・タレント・歌手。岩手県出身。1991年生まれ

南三陸町にある避難所の志津川中学で、夜回りを行う自警団の人々。治安の悪化が危ぶまれる状況で、自らの安全を自分たちの手で守ろうという想いから組織された（写真提供：平野愛智）

4章 エールを力に変えて

震災以降、被災地の人々が
「復興」へ向かって動き出した姿を見て、
その表情のたくましさや言葉の力強さに
圧倒された人も多いだろう。
世界中のエールを受けて、
瓦礫《がれき》の山から
立ち上がろうとする東北の人々に、
被災地と世界をつなぐ
確かな〝絆〟を感じる。
この章では、そんな〝絆〟を胸に、
世界のエールを力に変えて、
立ち上がることで答えようとする
被災地の〝いま〟の声を届ける。

宮城県気仙沼市 ● 気仙沼小学校

『ファイト新聞』ただいま発行中！

――小山里子ちゃん（7歳） 西村祐美さん（12歳） 櫻井果歩さん（13歳）

宮城県気仙沼市の気仙沼小学校の体育館。避難所の入り口には壁新聞「ファイト新聞」が飾られている。避難所などの出来事やその日の天気、また復興支援をしている自衛隊員のインタビューが読める。

「初代の編集長が、避難所のみんなが暗い顔をして、元気じゃないように見えたみたいです。大人も子どももみんなを元気にしようと思って、『ファイト新聞』をつくりはじめました。私は編集長に誘われて創刊号から一緒に始めました！」

そう話すのは、2代目の編集長、小山里子ちゃん。気仙沼小学校の4年生だ。初代編集長の吉田理沙さんが両親とともに祖父方に移ることになり、18号から副編集長の里子ちゃんが編集長に就任した。

地震から7日目の3月18日に創刊。その日は送電が再開した日だ。「電気ふっ活」というタイトルの記事には「ついきのう、夕ごはんを食べてるときに、電気がついてみんなよろこんでいました」と書いてある。

震災一カ月を迎えた4月11日号で、里子ちゃんは、「今日であのしんさいから一カ月です！　みなさん、ひなんじょ生活にはもうなれましたか。この一カ月かん、いろんなことがありました！　これからもがんばりましょう!!」とメッセージを寄せた。この号では、元プロ野球選手、清原和博さんのサインも載っている。この日、被災地訪問で清原さんが気仙沼に来た。そのときにサインをもらったのだ。この記事を気

2代目編集長・小山里子ちゃん（4月20日、仙沼小学校体育館の「ファイト新聞」編集部にて）

平社員・西村祐美さん㊨とアルバイト・櫻井果歩さん㊧（同）

に入っているのが、「平社員」の西村祐美さん。気仙沼中学校の1年生で、創刊号から関わっている。

「『みなさんのしていることがすばらしい』という手紙が来たのがうれしかった」

また、「アルバイト」の櫻井果歩さんは気仙沼中学校2年生。最初は読者だったが、10号目から紙面づくりに関わるようになった。

「私も『ファイト新聞』を読んで元気になったんで、3月末から一緒にやるようになりました。炊き出しの情報や避難所での明るい話を書くようにしています」

この日、櫻井さんが書いていた記事は、気仙沼中学校で活躍している自衛隊の医師のインタビューだ。写真つきで掲載する予定だという。里子ちゃんは取材中、編集長らしいところを見せた。「果歩ちゃん、取材したこと、意味わかんない」と、編集長がダメ出しをする。「全部、メモれないよ」と櫻井さん。するとすかさず、「(取材した人の) 質問した言葉を書かないといけないでしょ」。

小中学生がつくる『ファイト新聞』は話題を呼び、新聞やテレビでも取り上げられた。

「取り上げられても、とくに変わっていません。ただ、部活もやっているし、学校も始まる。だから、いまのように毎日発行するのは無理かもしれない。でも、できるだけ続けていきたいと思っています」(櫻井さん)

宮城県気仙沼市 ● 小泉中学校

避難所からネット放送する〝ニコ厨〟

――阿部広司さん(29歳)

フカヒレで有名な宮城県気仙沼市。その市内の東側を、太平洋岸に沿って貫いているのが国道45号線だ。市の南北を結ぶ生命線ともいえる幹線道路だが、巨大な津波によって途中で寸断されてしまった。南部の小泉川を越える橋が流され、道そのものが消えてしまったのだ。

道だけでなく家や車を失った近くの人々は、高台にある小泉中学校に避難していた。先の見えない避難生活を送るうえで重要なのは「情報」だ。避難所となった体育館には共用のパソコンが置かれていた。しかし高齢者が多いこともあり、使いこなせる人はあまりいないようだった。

そんななかで異彩を放っていたのが、阿部広司さんだ。広告デザイナーで、パソコンに精通していた阿部さんは、インターネットの動画サイト「ニコニコ動画※」で、みずから生中継を行うほどの猛者だった。ハンドルネームは「めがね犬」。いわゆる〝ニコ厨〟(=ニコニコ中毒者)が避難所にもいたのだ。

「震災前には、一人で酒を飲みながら適当に話をする『酒飲み放送』など気楽な放送しかしていなかったんです。『自分が楽しめればそれでいい』という放送ですね」

それが震災で変わった。自宅が半壊し、電気・水道も止まってしまったため、避難所に移ってきた。当初はネット放送ができる環境ではなかったが、阿部さんの存在を知ったニコニコ動画からネットに接続できる

ニコニコ動画から譲り受けたPCを使って避難所の様子を放送する阿部さん

ノートパソコンを支給され、生中継を再開。その内容は、故郷の被災状況や避難所の様子を伝えるものとなった。

「地元の人間としては、被害の様子はどこまで伝えていいのかという葛藤もありますが、見ている人から『知りたい』という要望があるので、できる範囲で伝えたいと思います」

阿部さんが避難していた小泉中学校のグラウンドでは、仮設住宅の建設が進んでいた。住宅が完成すれば体育館からそちらへ移る人もいる。また、この地域と縁が深い岩手県一関市が、廃校となった小学校を新たな生活の場所として開放してくれるという話もあるという。避難所はあくまでも「仮の住まい」なのだ。

阿部さん自身も、仕事のつてを頼って移動することを考えていた。だが、ネットを使って情報を発信することはどこでもできる。「避難所から離れても、この小泉の状況を他の地域の人に伝えていくことは続けていきたいと思っています」。そう話してくれた。

※インターネットで利用することのできる動画投稿サイト。幅広く若者に人気がある。

宮城県東松島市 ● 萬寶院

せめて供養だけでもさせていただきます

——石川仁徳さん 石川了佑さん

宮城県東松島市にある萬寶院《まんぽういん》の住職である石川仁徳さん親子は、今回の津波によってお寺の本堂を根こそぎ流されただけでなく、同時に愛する家族を二人失った。

「母と妹が亡くなりました。多くの檀家さんや顔見知りの地域の方も、いまだたくさんの行方がわからないそうです」

遠くで被災者の言葉に真剣に耳を傾けている父親の姿を横目に、息子の了佑さんがそう語ってくれた。

「自分は修行のために実家の寺を離れていたんです。人前には出しませんが、父自身も大切にしていたお寺や身内を亡くして、とても辛いと思います。それでもこういうときだからこそ、お寺として、皆さんのためにできることをという一心で、いまはがんばっています」

石川さんは言う。

「この物資は天台宗の総本山である延暦寺様に送っていただきました。本当にありがたいことです。それでも避難所にあるものでは足りず、みんなほしいものが手元にない状態なのです。毎日疲れて、お酒を飲みたい方が出てきています。煙草を吸いたい方もいるでしょう。もちろん食べ物や着る物は大切です。しかし、復興へ向かうには、そのような嗜好品も、これから必ず必要になってくるはずです」

お寺の住職と言えば真っ先に禁欲的なイメージがあったので、石川さんの口からお酒や煙草の話が出てきて驚いた。しかし、このような非常時にこそ、そうした嗜好品が必要とされるようになってくるという実感はとても大切だ。

石川仁徳さん㊨と了佑さん㊧

県外のお寺から物資の配給を受け、トラックで近隣の地域に配って周っていた

二人に話を聞いた後、少し離れた避難所となっている別の小学校の壁に、萬寶院の名前が書かれた手製のチラシを見つけた。チラシには「火葬・土葬のできない御遺体があれば、せめて供養だけでもさせていただきます」と書かれていた。

多くの人が身内の誰かを失い、自分もまた家族をなくしてなお、遺体を埋葬することができない状況を憂い、せめて供養だけでもというその言葉の内に、仏に仕える人間の真に慈悲深い強さと優しさを感じた。

福島県西郷村

俺が家族を守る!

――添田武夫さん(38歳) ひろみさん(50歳)

「新しい職場には、公園の駐車場から出勤を始めたんです」

そう話してくれた添田武夫さんは、福島からの自主避難者である。立体駐車場の床網などをつくる会社に勤めていた添田さんは、あの日の地震で自宅や職場が半壊状態となり、その後の原発事故の影響を受け、いてもたってもいられずに家族で車四台を連ねて東京に避難してきた。

避難した初日は町田の公園内で一泊、二日目は座間のスーパー銭湯で休んでいたが、「もしかしたら千葉の物流センターで働かせてもらえるかも」と思い立ち、その足ですぐに千葉へ向かった。もともとこの四月からこの物流センターに転勤する予定だった添田さんは、今回の件で東京に来る前に、すでに新しい職場には顔を出し、その近くに新居となるアパートを見つけ仮契約まで済ませていた。

千葉の最寄の公園で車中泊をした添田さんは、夜が明けて職場へと向かった。上司に事情を話し、会社から家族の弁当を注文してもらい、いったん弁当を家族に届け一緒に食べながら、また戻って、昼まで働けるだけ働いた。同じ日に、東京の本社が西葛西のビジネスホテルを安く借りてくれた。そこでようやく久しぶりに、家族で柔らかいベッットで眠ることができた。

一時はこのまま働かせてもらえるのかとも思った添田さんだったが、転勤の件は「特例は認められない」

という理由から、一方的に白紙撤回されていた。だが、選択肢のない添田さんとしては、それでもわずかな望みに賭け、他の社員と同じように働けるだけ働いたが、社員ではないので給料がどうなるかはいまだにわからない。

それから都内の避難所に移り、現在は家族六人で都営住宅から、宙ぶらりな状態で「自主出勤」を続けている。「本社からは『どうしたいんだ？』と聞かれるが、どうしていいかなどわからない。わかっているのは、社員としてここに転勤したいということ」と困惑気味に、しかし明るい表情で添田さんは話してくれた。

「絶対負けない。何がなんでも生き残ってやるゾって思う」そう言ってひろみさんも、頼りの夫である武夫さんと共に笑顔で取材に応じてくれた

「小学一年生だった娘は下校途中に一人で今回の地震を経験したせいで、少しの揺れでもおびえるんです」

自分一人で福島の元の会社に戻ることも考え、「何かあったとき、誰が家族を守ってやれるのか」と自問自答した。出した答えは一つだ。

「俺が家族を守る！」

妻のひろみさんは言う。

「主人のこういう姿をみて、尊敬できると思いました。娘も息子たちも、こんなお父さんに胸を張れると思う」

震災で失ったものの影響は計り知れないものがある。しかし、一方では確実に強くなった家族の絆もあるようだ。

宮城県石巻市 ● 河北総合センター「ビッグバン」

何か役に立てるような仕事をしたい

――木村颯希《りゅうき》さん（16歳）

「俺たちにとって、津波っていうのは50㎝とか、大きくて1m。今回は地震からして半端ないなって思ったから、すぐに逃げた。あのときは考えなかったよ。まさか津波でこんなになるなんて……」

石巻市立雄勝中学校の3年生である木村颯希くんは、話ながらあのときのことを思い出す。

3月11日は、雄勝中学校の卒業式が行われていた。津波がやってきたのはその約2時間後だった。そのとき、木村さんは友だちと一緒だった。地震が起きてから一緒に逃げたが、まさか、雄勝が全滅するとは思ってもみなかったという。

最も驚いたのは「石巻市立雄勝病院」のことだ。

この病院は3階建て約15m。患者や医師、看護師は屋上に避難したが、それでも犠牲者は多数に上った。入院患者40人が犠牲となり、医師や看護師の大半も亡くなった。それほどの高さがある大津波だった。現実は木村さんの想像を超えていた。

「大きい地震があったときから電気は消えてた。山のほうの電柱は大丈夫だったけど、平地の電柱は全部、倒れてたよ。雄勝湾では、養殖業者の船が絡まり合ってて、何にもなくなってた」

被害後の雄勝は、見るも無惨な姿で、木村くんには「何もない」以外の言葉は浮かばなかった。

木村さんが通っていた雄勝中学校

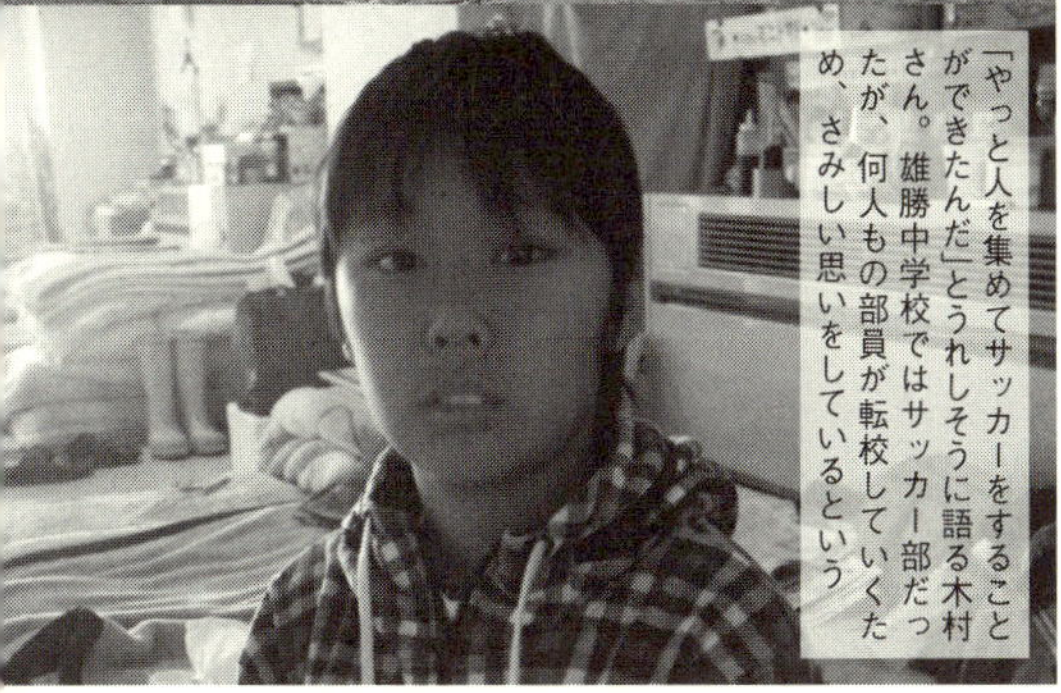
「やっと人を集めてサッカーをすることができたんだ」とうれしそうに語る木村さん。雄勝中学校ではサッカー部だったが、何人もの部員が転校していくため、さみしい思いをしているという

その後、身を寄せたのは、避難所となっていた石巻市河北総合センター「ビッグバン」だ。

「最初は、寒いし、眠れなかった。一緒に逃げた友達と震えていた」

石巻市雄勝は、岩手県陸前高田市や南三陸町にも匹敵するほどの被害状況だが、石巻市の中心部からは遠いために、復興のための人手が足りない。瓦礫《がれき》の片づけは遅れ気味になっている。

木村さんの家も流されたが、お気に入りの上着だけは見つけることができた。

その上着を取材のときにも身につけながら「これ、お気に入りの上着なんです。色とか、フードとかあるのがいい。瓦礫《がれき》の中から見つけたときはうれしかった」と話した。

木村さんは雄勝の再建は時間がかかると思っている。再建できないかもしれないという思いが、どうしても頭に浮かんでしまう。しかし、新たな決意も抱いた。

「大人は『復興は10年かかる』と言っているけど、10年では無理だと思う。いまの自分には何もできないかもしれないけど、大人になってから、地球のどこかで大きな地震があったとき、何か役に立てるような仕事をしたい。寄付や募金もしたい。人を助けたり、喜ばせたり、笑わせたりするのが好きだから」

岩手県陸前高田市小友 ● マルミヤ

店を開くことが地域の人たちへの恩返し

――畠山吉光さん（62歳）

陸前高田市は市内の広い範囲が津波に襲われ壊滅状態となったが、小友地区でも小友駅の駅舎が流出するなど、大きな被害となった。その小友駅周辺で、15年前からスーパーマーケット「マルミヤ」を営む畠山吉光さんは、還暦を迎えたとは思えないほど若々しく取材に応えてくれた。

畠山さんは、地震から数日後にマルミヤの営業を再開した。最初は地域の人たちが米がないというので、在庫や近隣の業者から手配したという。

「店を開けるだけでも、地域の人たちが少しでも安心してくれるかと思ってね。店でお客さんたちの声を聞くと、あれがない、これが欲しいって話になる。だから、市外の業者に連絡を取って、何とか商品を調達して店に出したんだよ」

畠山さんは「金儲けで店を開いたんじゃない」と言葉に力を込めた。

「一言で言えば、地域に対する恩返し。そりゃ利益はあるけどな、それだけじゃ商いはできないんだよ。商いをするっていうのはさ、普段から地域の人たちに助けられてこそできるんだ。それだけ、この町の人たちには感謝してる」

そう話すと「ちょっと格好つけ過ぎちゃったかな？」と照れくさそうに笑った。

震災の被害で店舗が使えないため、当初は車などを利用して開店していたが、３月末には駐車場に仮設店舗を設置した（4月8日）

小さい店舗の中は商品が溢れている。この時期の陸前高田市内は、まだ物資が不足しており、近隣で開いているコンビニエンスストアなどでもこれほど商品が充実しているところは少ない段階。地域の人たちから感謝され「商売して感謝されるなんて、なんか照れるな」と畠山さんは話す（同日）

岩手県陸前高田市 ● 市立第一中学校内日赤救護所

避難者たちの命を最前線で守る医療チーム

――杉村好彦さん（53歳）

市庁舎の4階部分の床上まで浸水したと言われる陸前高田市。一時的とはいえ市の機能がほとんど停止する中、高台にある市立第一中学校には最大で約1400人の地元住民が避難した。4月20日現在も、約700人が避難し続けており、マンモス避難所の状態が続いている。ここで震災直後から、避難者や周辺地域の人たちの健康を守っているのが、日本赤十字（日赤）の医療チームだ。3月12日夕方、陸前高田市が相当の被害を受けているという情報を元に、日赤秋田支部が独自判断で救護所を開設し、その後、秋田支部からの連絡を受けた全国各地の日赤からスタッフが集まった。

「岐阜、高山、福井、秋田、盛岡の各地から、毎日交代するチームや2泊3日で交代するチームなどが数班入っています。当初は怪我人もいましたが、ほぼ最初から慢性疾患を持った人たちの治療やケアが中心でした。高度な治療や入院が必要な人たちは大船渡の病院へ送ったり、盛岡などの病院にお願いして院外処方の措置で薬を確保したり、周辺地域の病院と連携しながらやっています」

盛岡赤十字病院から来ていた杉村好彦医師は、「いくつもの災害現場を見てきたけど、ここまでの災害は見たことがないですね。日赤としてもあらゆる災害に対処できるように考えてきたけど、まさに『想定外』。それでも3週間経って、だいぶ落ち着いてきましたよ」と優しいまなざしで話す。日赤以外からも、精神

診察を希望する患者さんに、症状を聞く医療チームのスタッフ。学校の一室を「救護所」として使用し、廊下は診察を待つ人たちの待合室となっている（4月20日）

「朝早く来て、夜のミーティングが終わったら戻る。盛岡の患者さんたちの診療がありますからね。2〜3日ごとに仕事の合間を見て、こちらに通っています。個人的には震災以降休んでないですね」と笑顔で話す杉村さん（4月2日）

面をケアする保健士チームや、東京の日本小児救急学会から小児科専門医などが派遣されている。

　避難者の中には高齢者も多く、持病の薬を持たずに逃げ出した人が多い。また、地域の病院が被害にあっていて、患者一人ひとりの正確な情報が集まらない。情報不足、人員不足、薬不足の中で、こうした医療チームの奮闘が、いくつの命を救ってきただろうか。

「定期的に通っているスタッフについては、地元に戻って半日もしくは1日の休みが与えられているはずなので、疲れやストレスが溜まらないようにケアしてくれていると思います。医療チームのスタッフもそうですけど、この避難所を支えるために奮闘している職員やスタッフの人たちへのケアも重要。彼らは『疲れている』って言わない分だけ、ややこしいことになるかもしれない。当初より落ち着いたとはいえ、これからがむしろ大変で、ほかにも問題は山積みです」

　この救護所だけでなく、それをフォローする周辺地域の病院、遠方から派遣される医師たち、そうした全国の医療スタッフが〝命の現場〟の最前線を支え続けている。

宮城県南三陸町志津川 ● 宮城商店

人の役に立ってると思うと力が出てくる

——山口正さん（30歳）

震災の発生当初、東京を含めた東日本では燃料不足となった。とくに福島・宮城・岩手県の沿岸部は、ガソリンスタンドの店舗が津波被害で営業できなくなってしまったため、暖房器具となる灯油や移動手段である車のガソリンがほとんど手に入らず、多くの地域で深刻な状況がおよそ4月中旬まで続いた。

被災地域は物資不足が続いていたため、車で遠方まで食料や生活用品を調達しなくてはならなかったが、移動手段となる車のガソリンがなければ、どこにも行くことができない。また、まだ寒い東北地方で車の中で過ごす被災者も多い中、ガソリン不足はまさに死活問題だった。

津波被害で町全体が壊滅的となった南三陸町の中心地・志津川で、給油活動を続けるガソリンスタンドがあった。震災発生から約1週間後、宮城商店は、壊滅的な店舗の脇で地下にあるガソリンを、足こぎ式ポンプでくみ上げて給油活動を開始した。地下タンクのガソリンがなくなった後は、市外から1日1000ℓをドラム缶に詰めてトラックで運び、やはり足こぎ式ポンプを使って地域の住人たちの車に給油している。従業員の山口正さんは、やり甲斐を感じながら足こぎペダルを踏み続けている。

「お客さんに感謝されると、やっている甲斐があります。後一カ月もすると、太股がパンパンになるんじゃないですかね。でも、人の役に立ってると思うと力が出てきます」

津波被害で瓦礫しか残らない志津川はまるで戦場のよう。ガソリンを求めて何十台もの車が並ぶ（4月2日、志津川）

トラックに積まれたドラム缶から、足こぎ式ポンプで自動車に給油する。従業員の交代で足こぎペダルを回すが、1日の営業が終わる頃には足の筋肉が張ってしまうという。右奥に見えるのがガソリンスタンドだった店舗の残骸（4月2日、志津川にある宮城商店にて）

福島県相馬市 ● 総合福祉センター「はまなす館」

いろんな避難所の中で、ここが一番いい

――駒場由里絵さん(16歳) 美咲季さん(14歳)

福島県相馬市の磯部地区は太平洋に広く沿った田園地帯。そこに住んでいた駒場由里絵さんと美咲季さんの姉妹は、3月11日の津波で家が流された。自宅にいた姉の由里絵さんは祖母を連れて家の裏にある高台に避難するため、近所の友人宅で遊んでいた妹の美咲季さんを電話で呼び出した。ところが、美咲季さんが自転車で戻る途中で津波が磯部を襲った。由里絵さんは当時をこう振り返る。

「妹の友だちの家は高台にあったのに、わざわざ呼び出してしまった。おばあちゃんと二人で裏の高台に避難して津波を見ていたら、ボーリングのピンのように建物や電柱が倒されて、ビックリした」

それから3日ほど、姉妹は離れて過ごす。由里絵さんは祖母と一緒に、南相馬市鹿島地区の避難所。美咲季さんは高台にあった友人の家で世話になった。4日目に鹿島の避難所で二人は合流したが、ここから、高齢の祖母を連れて避難所を点々とする姉妹の日々が始まった。

父親が新潟に長期出張中ですぐに戻れないため、3人で鹿島にある親戚の家に行く。ところが南相馬市に「屋内退避指示」が出され自主避難を呼びかけられたために、親戚と一緒に会津若松の東山温泉に集団避難する。その3日後には鹿島地区から避難している人たち全体で二本松に移動して、ここでも3日間ほど過ごす。そこで親戚が鹿島に戻ることに決め、一緒に鹿島に戻ってから、姉妹と祖母の3人で、相馬市

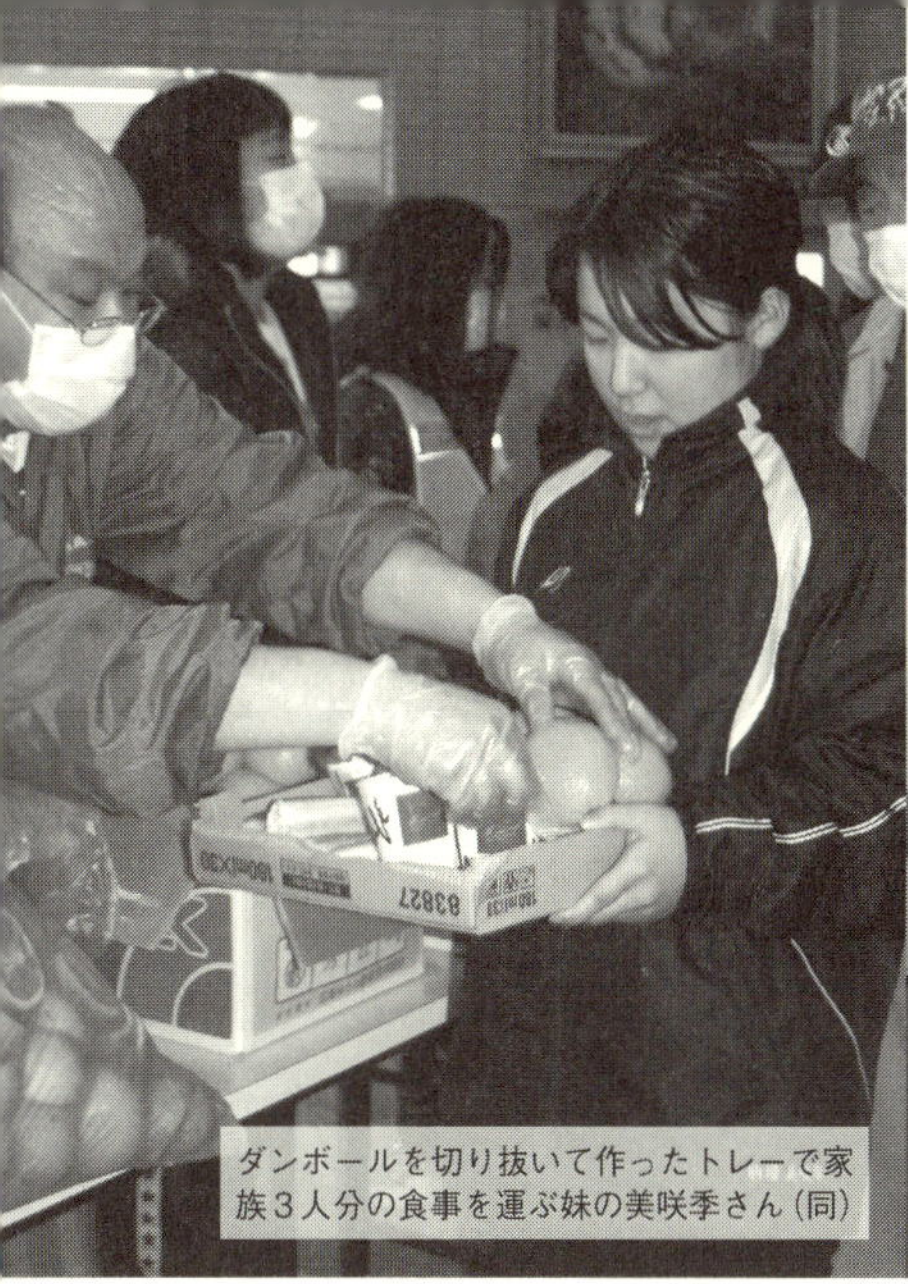

ダンボールを切り抜いて作ったトレーで家族３人分の食事を運ぶ妹の美咲季さん（同）

新潟にいる父親に代って妹や年老いた祖母を連れて、避難所を点々とした姉の由里絵さん（3月27日、総合福祉センターにて）

にある総合福祉センター「はまなす館」の避難所に来た。地元である磯部地区の住人の多くがはなます館に避難しており、知り合いも多く、学校のことも含めて情報収集もしやすいと判断したからだ。

本来は社会福祉協議会が管理する福祉センターということもあり、衛生面や医療体制もある程度確保され、2週間目くらいからは支援物資や食料もかなり充実してきた。由里絵さんが1年前に卒業し、いまは美咲季さんが通う磯部中学校の一部の教員もこの避難所で過ごしている。美咲季さんはようやく落ち着けたと話してくれた。

「友だちとか色んな人と話ができるし、3月31日にはこの避難所で終業式もしてくれるって聞いてるし、ここに来て良かった。今度3年生になるんだけど、4月に予定していた修学旅行が中止になってディズニーランドに行けなくなったのがちょっと残念……」

由里絵さんに、これまで点々としてきた避難所の比べて、この避難所はどうかと聞いた。

「この避難所が一番いい！　やっぱり地元にいたい。早く元の生活に戻ってほしい」

福島県南相馬市 ● 消防団

少しでも早くみんなを捜してあげたい

――匿名希望

震災の発生から2週間を迎えようとしていた3月24日、福島第一原発から半径30㎞圏内の南相馬市では、一時的とはいえ警察や自衛隊すらも寄りつかず、沿岸部の行方不明者や遺体の捜索はほとんど進んでいなかった。この日、南相馬市で、消防団の団員たち有志が独自に捜索を再開した。

政府から「屋内退避指示」が出ていたこともあり、消防団長からは「決して無理をすることないように」と告げられたが、団員たちはまさに一所懸命だ。

匿名を条件に、捜索中の消防団員が取材に応えてくれた。

「消防団の中にも30㎞圏外に逃げてしまった人もいるけど、誰も責められない。中には、津波にあって連絡がつかなくなってしまった仲間もいるから……。この地域で家族が行方不明になった人たちからも『よろしくお願いします』って声をかけられるし、やれる奴らだけ集まって再開したんです。毎日、何人かずつ、ご遺体を見つけているけど、少しでも早く、みんなを捜してあげたい」

この震災では、各地の消防団が地域に貢献する姿が目立つ。1000人以上が行方不明となっていた南相馬では、同時期に自衛隊や警視庁も入り捜索を始めていた。しかし、まだまだ人数が足りない中、消防団員たちが集まったことで、ようやく本格的な捜索活動が始まろうとしていた。

瓦礫をかき分けながら、丁寧に捜索をする消防団員。「消防団の仲間や、近所のお年寄りたちが、この泥や水の中にいると思うと、自分たちがやらなくちゃという気持ちになる」と話す（3月26日、南相馬市原町地区にて）

高圧線が田んぼや道路に垂れ下がっているが、福島第一原発からの放射能の影響を恐れて、電力会社や下請け業者も南相馬に入ろうとはせず「高圧線に注意」という幟旗を立てただけで放置されたままになっている（同）

宮城県松島町 ● 牡蠣養殖業

自分がやればみんなに活きる

――第二一優晃丸船長

今回の震災は、漁業への打撃も大きい。津波に襲われた沿岸部は漁民が多く、震災の影響で漁業を廃業する人も多い。一方、宮城県は日本でも有数の牡蠣の養殖地だ。とくに松島一帯は牡蠣の養殖場として優れており、日本国内はもとより、アメリカ、カナダ、フランス、イギリス、チリなど世界中に出荷し、世界で調理される牡蠣にとって、宮城県は重要な拠点になっている。

「養殖している棚田が津波でやられちゃったんで、親の方は諦めても、採苗した稚貝だけでも何とかならないかと思ってるんですよ。宮城のタネ（種苗）って九州から北海道まで広く出荷してるんで、宮城でタネが取れないと、ほかの地域の養殖もみんなダメになっちゃうから」

奥松島で牡蠣の養殖業を営む男性によると、津波で湾内に環境のちがう潮が入ってきたり、地震による地盤沈下などで海底の状況が変わったりと、環境変化による影響で今年はどれだけの牡蠣が育つか、まったく予測つかないない状況だ。

しかし、被害にあった多くの仲間のためにも、いますぐに動き出すことが、牡蠣養殖を支えていくことにつながる。

「いまは、今年の夏にタネを取ることしか頭にないですね。それまでに逆算していくと、いますぐやらなくちゃいけないことがたくさんある。動ける奴が動き出さないと。生産地から『宮城の牡蠣は大丈夫です！』ってメッセージを発信しないと、全国（の牡蠣業者）にも心配させてしまう。いまは自分のためにとかいうより、牡蠣養殖全体のためにって思いが強いっす。自分がやればみんなに活きるって思って動いてます」

「最低でもゴールデンウィークには動けるように準備しないと。工場があればすぐ始められる工業とちがって、海の養殖っていうのは、季節ごとにやらなくちゃいけないことがあるんで……」と話す第二一優晃丸船長（4月15日）

網が絡み合ってしまった棚田。この中でも牡蠣は十分立派に育っているのだが、行政からの指示で、松島一帯は船を出すことができない。なお、この日は㈶かき研究所の調査の一環で沖合に船を出している（同日）

貝を開けばプリプリの身が姿を見せ、見事に育っている（同日）

宮城県女川町御前浜 ● 御前浜公民館

人のつながりがあるから、元気にやってこられる

―――阿部栄喜さん（75歳） 東海和良さん（53歳）

女川町御前浜《おんまえはま》の避難所は、誰もが明るい表情で過ごしている。御前浜は56戸の集落だが、津波の被害を免れた家はたった2軒しかない。死者・行方不明者も合わせて二十数名出ている。それでも明るい雰囲気なのは、この集落の住人は普段からの交流も深く、皆で力を合わせて避難生活を送っているからだ。

「最初の3日間は、高台にある1軒の家に皆で逃げて行って、何十人もで身を寄せ合って寝泊まりしていた」

行政区長の阿部栄喜さんによると、その後、近隣地区の避難所に移動し2週間ほど過ごしたが、地元に帰りたいと言う住民たちの意見を尊重して戻ってきたという。被災した公民館を自力で修復して避難所にし、約40人が共同生活を送っている。壊れた家屋から使える建材や道具を持ち寄り、台所を作り、洗濯機を運び込み、生活に必要なものをほとんど自分たちで調達した。生活用水は裏山の湧き水を利用している。

「こういう避難所って珍しいだろ？」と話す東海和良さんは、いまも妻が行方不明だ。しかし、懇意にしている社会人サッカーチーム「コバルトーレ女川」の選手たちが、訪ねて来てくれたことで元気が出た。

「やっぱり人と人とのつながりが一番大切だ。コバルトーレの選手たちだって被災してるのに、こっちの心配をして来てくれた。これまでのつながりがあったからだよ。御前浜に住んでいる皆も、人のつながりを大事にしてる。それがあるから、元気にやっていられるんだ」

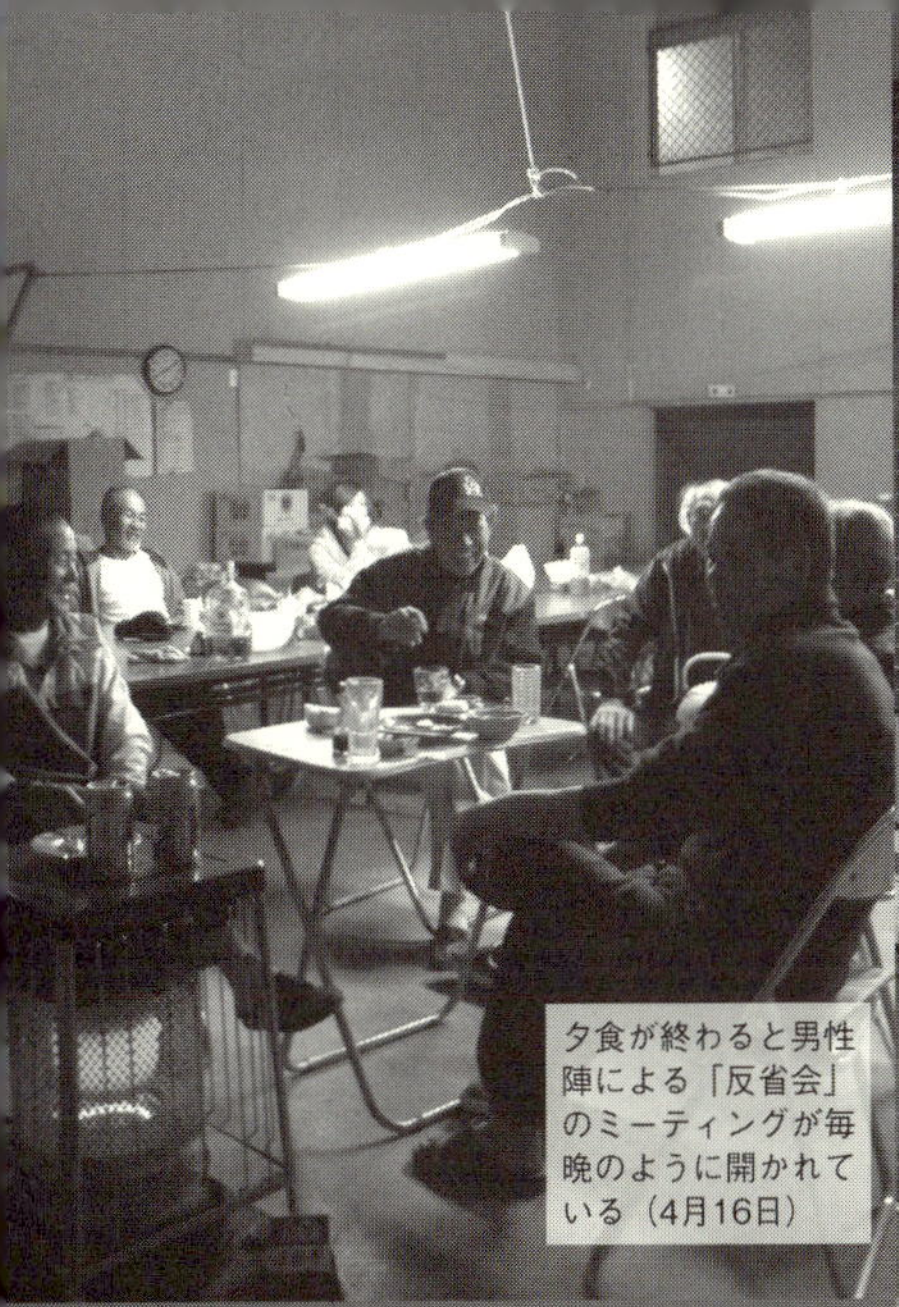

夕食が終わると男性陣による「反省会」のミーティングが毎晩のように開かれている（4月16日）

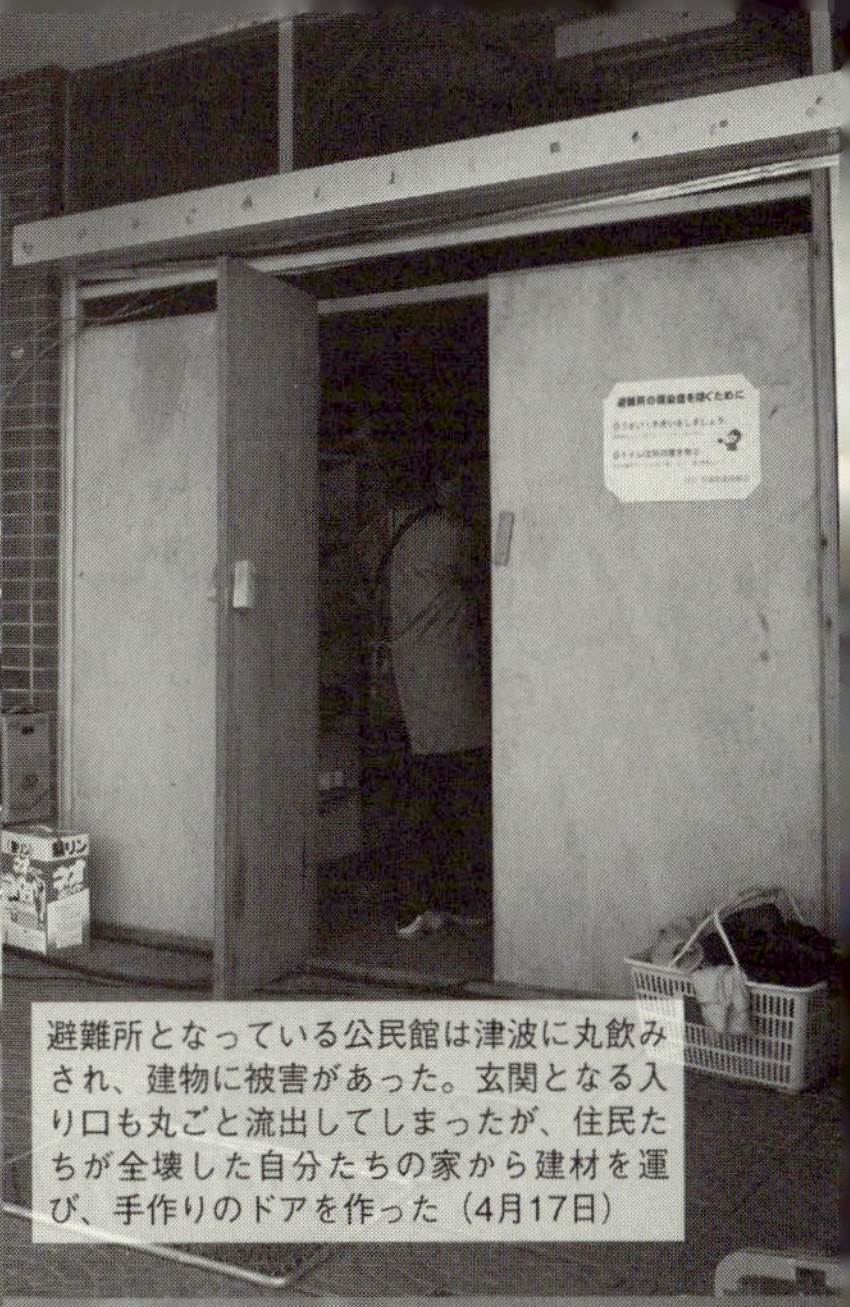

避難所となっている公民館は津波に丸飲みされ、建物に被害があった。玄関となる入り口も丸ごと流出してしまったが、住民たちが全壊した自分たちの家から建材を運び、手作りのドアを作った（4月17日）

津波から３日間、高台にあって生き残ったこの住宅に、御前浜地区の住人数十人が身を寄せた（4月17日）

避難所に風呂がないと聞いた名古屋の支援者が、屋外設置型のサウナを送ってくれた。風呂に代って避難住民たちを暖めてくれている（4月16日）

福島県南相馬市 ● 原町第一小学校

何の不便もないし、辛いこともない

――本井義美さん(67歳)

福島県南相馬市の避難所で生活を送る大工、本井義美さんは、津波に襲われて放射能をまき散らした福島第一原発から10㎞の浪江町から逃げてきたのだが、何事もなかったかのように明るく、よく笑う。

避難所のテレビで競馬中継を見ていた本井さんに「競馬が好きなんですか?」と問いかけると、「ここ相馬は野馬追いという伝統の祭りがあって、みんな馬が好きなんだよ」と威勢のいい答えが返ってきた。

震災が発生したときは、自らつくった自宅にいた。自慢の家は地震にしっかり耐え、丘陵部にあるため津波の被害を受けることもなかった。だが、その後に起きた原発事故により、避難を余議なくされる。

「着たきりスズメで家を出たら、ちょうど南相馬市役所のほうに行くという車があったから、乗せてきてもらったんだ」

市役所で新たな住まいとなる避難所を紹介してもらい、同じように原発から逃れてきた人々と共同生活を送るようになった。仮の住まいは、地震発生の直前に完成したばかりの小学校体育館。まだ塗料の匂いが残るが、壁も床もピカピカで光り輝いている。

「俺は大工だから、こういう新しい建物で暮らせるのはうれしいんだよな」

食べ物にも満足しているし、避難所で知り合った同年齢の仲間もたくさんいて、話し相手には困らない。

福島第一原発から30km圏内にある原町第一中学校の避難所では、多くの人が県外に集団移転したために残っている人は少ない

「悩みは何もない。幸せだな、いまのところは」と言い切る本井さん

「便所が温かいのもいいな」

どうやら新体育館のトイレの便座は電気で温かくなるタイプらしい。

こちらから「何か困っていること、辛いことはないですか？」と、たずねても、返ってくるのは「何の不便もない」「辛いことは何もない」というポジティブな言葉ばかりだ。生来の性格もあるのだろうが、その楽観ぶりは徹底していた。

「同じ浪江でも、海に近い地区の人たちは家が流されてしまった。それに比べると、俺の場合、家はちゃんと残っているんだから、幸せなもんだよ」

解決までに先が見えない原発問題についても「みんながこうだから仕方ない」と、まるでクヨクヨしない。事態が悪化すれば、いま避難している南相馬からも動かなければいけないのだが、「みんなが出ていけば、一緒に出ていく。それだけのことだよ」と意に介さない。

話していると、なぜかこちらの方が「大丈夫かもナ」という気になってくる不思議な人柄だった。

宮城県南三陸町志津川 ● さかなのみうら

「ふ」「ん」「ば」「れ」

——三浦浩さん（59歳）

4月2日、宮城県南三陸町志津川。役場をはじめとして、街は、瓦礫《がれき》の山になっていた。堤防も破壊され、何もかもが津波に流されてしまったように見えた。そんな中、海岸近くの一角で看板をつけている一人の男性に出会った。

近づいてみると「さかなのみうら」という手づくりの魚屋の看板があった。「お知らせ」と書いてあるその看板には「家族全員無事に避難することができました」とあって「ふんばろう！　力を合わせて一歩ずつ　南三陸町」という言葉が添えられていた。

「さかなのみうら」の店舗は骨組みである鉄骨だけが残っていた。三浦浩さんは脚立を使いながら2階部分から「ふ」「ん」「ば」「れ」という一文字ずつの看板を針金で止めて、一階部分には「南三陸町」という文字が書かれた看板を置いた。

三浦さんは、この魚屋が実家であり、三浦さんの兄が魚屋を継いでいる。登米市在住だった三浦さんは、地震のときは小学校の教員として学校にいた。

「卒業式の準備をしていてその時に地震が起きたんです。すぐに子どもたちを集めました。その後、津波で道路が寸断されて、学校で一晩を過ごしました」

「ふんばれ 南三陸町」の看板を取りつける三浦さん（4月2日）

町役場庁舎も流された志津川地区（同日）

震災後、この日までにまだ友人や知人と連絡がついていない。新聞やラジオなどの安否情報に頼らざるをえないほど余裕がないのだ。

「まだそこまでのゆとりはありません。最初はこの店の中にも瓦礫《がれき》がたくさん残った状態でした。社長（兄）が早く仕事をしたいというので、手伝っています。一人で仕事をすると危険ですから。まだ3階には大きなガスボンベが乗っているんですよ。電気が通り次第、店をはじめようと思っています。5月のはじめ頃くらいにはできるといいですが」

チリ地震（1960年）のときも含め、南三陸町には津波が何度も来ているが、三浦さんには、この町で生きていく覚悟がある。

「私が生きている間にもう一回くらい津波がやってくると思います。これまで生きてきて2回もあったのだから。この町で暮らすには、津波と闘って生きるしかない。でもここが好きだから。それに、阪神大震災で被災した兵庫県の人たちや東京の大学生たちがボランティアが来てくれているんです。そのおかげで南三陸町はここまでやってこれたと思っています」

茨城県高萩市

私の仕事は震災担当

——古川美智子さん（28歳）

初めて被災地の取材をした3月16日、茨城県水戸市で古川美智子さんと出会った。震災当日、古川さんは就職活動中で、水戸市内に面接に来ていたため、そのまま水戸で避難生活を送っていた。

立っていられないほどの揺れの中、友人からのメールとTwitterで情報をえて、宮城県が震源だとわかったという。友人から無事だと聞いてはいたが、連絡のとれない家族と離れて避難生活をしている間、心が安らいだのは〔なにがあってもがんばろうね〕という友人からのメールだった。

「友だちは本当にありがたいと思うようになりました」

4月13日、古川さんが住む高萩市内で再び会った。古川さんは保険会社に入社が決まり、震災担当になっていた。

「これは、もう偶然ではないと思いました。保険会社の震災担当なんて、必然的な仕事だとしか思えない」

被災時に面接をしていたインターネット関連の会社は採用されず、それでもなお就職活動を続け、保険会社に採用された。被災者が被災者を支援・援助する。そうした仕事をするとは思ってもなかったが、やりがいを見つけたような気がした。

「この地域はこれまで地震も震度3～4が多かったし、台風も来ず、大きな被害がない地域だった。そのため、災害に対してまったくフォローできていない状況です」

連絡がとれなかった家族はどうだったのだろうか。

「家族は無事でしたが、いまでも母親は怖がっています。具合が悪くなり、地震酔いのような目まいがするようです。祖母は話さなくなりました。震災後、時間軸がバラバラになっている感じで、認知症が進行したかもしれません」

震災後の仕事について力強く意気込みを語ってくれた古川さん（4月13日、高萩市駅前）

古川さんは、友人と協力して、市ぐるみでの震災対策を考えており、市議会へ災害時のヘルプデスクの設置などの陳情を出すことを検討している。
「災害時の避難所がどこか市民がよくわかっていない。ハザードマップも配られているが、何年も前のことなので、なくしてしまった市民も多いみたいです。それを、どうにかしたいんです。まずは住民アンケートを取るところから始めようかと思っています」
古川さんは短期間でこれまでにない経験をしたことで、人生観が大きく変化したようでもある。
「いままでは普通に生活して、友だちと話して、ご飯を食べて……という感じでした。でも、震災によって人とのつながりが大切なんだと思うようになったんです。周囲の人に気を配るようになりました」

福島県いわき市 ● 久ノ浜港

「いわきに生まれてよかった」と思ってほしい

——大楽夏希さん（30歳） 小林未来さん（29歳）

「たまたまここ（久ノ浜港）に来たときに、猫がたくさんいてびっくりしたんです。いつもは漁師さんたちが餌をあげているみたい。震災で、餌をあげに来る人もいなくなったんだって」

そう話すのは大楽夏希さん。

福島県いわき市久ノ浜は、市の最北端の港。漁港内には被害を受けた漁船もあるが、一部が東京電力福島第一原子力発電所から30㎞圏内に入ることから、復旧作業が遅れている。久ノ浜港には9匹の猫がいた。大楽さんと小林さんはときどき、餌を与えにやってくるという。

「この中に妊娠している猫が2匹います。いつか赤ちゃんを産むのであれば、丈夫な赤ちゃんになってほしい。初めて来たとき、食パンしか持ってなかったんです。市内のスーパーには食べるものがなくて、自分たちも困っていた時期だったけど、放っておけなかったです」

大楽さんが久ノ浜港に来たのは、東日本大震災で地元のいわき市で何があったのかを知りたかったからだ。そして市内を見ているときに、この猫たちと出会った。

「うちは直接的な被害はありませんでしたが、自分の身の回りで何があったのかをちゃんとこの目で確かめたかった。これから復興へ向かうにしろ、同じ市内で何があったのか、真実を知っておこうと思いました」

大楽さんの家は沿岸部ではない。しかし車で10分走ると、津波被害を受けたエリアに入る。家を流された友人、親類も見つかっていない友人、原発事故の影響で避難している友人もいる。大楽さんは言う。

「私は生まれ育って、一度もいわきを出ていません。最初はこの現状を見て、こんなことがあっていいのかと思いました。私も2週間、親類にいる山形県で避難生活をしました。家族の中に子どもがいて、原発事故による放射能の影響が心配でした。でも、いわきに残っている友だちもいたので、すぐにでも帰りたい、みんなで支え合いたいと思ったんです」

小林未来さん㊧と大楽夏希さん㊨（4月13日、久ノ浜港）

震災後、市内でボランティアをしている。Twitterで呼びかけて文房具を集めて、小学生に配ったりもした。「直後の2～3日間は、Twitterだけが支えだった」という。友人3～4人でインターネットで災害支援のマップもつくった。

「ニーズに応えるのは大変。でも、私は寝る場所は困りません。そういう人が動かないといわき市はよくならない。いわき市って自然が豊かで、育てられた気持ちがあります。子どもたちには、いわきに生まれてよかった、と思ってほしい。そうなれば、いわきも、福島も、東北も、日本もちがってくると思うんです」

宮城県七ヶ浜町 ● こどもサポート七ヶ浜

地元のボランティアを育てたい

——佐藤秀明さん（62歳）

震災直後の16日から、七ヶ浜町では遊びを通して被災した子どもたちの心をケアする「こどもサポート七ヶ浜」の活動が始まっていた。学校が再開する4月20日までは町内の3カ所で、その後は1カ所で活動を続けている。中心になっている佐藤秀明さんは、5年ほど前まで学校の教員をしていたが、発達障害の子どもと教育現場をつなげ、学校を外側から支えたいと思い、ＮＰＯ法人「自閉症ピアリンクセンターここねっと」（仙台市若林区）を立ち上げた。佐藤さんは新潟中越地震（２００６年5月）の際には、ボランティアのコーデネーターをした経験があるという。七ヶ浜町をボランティアの拠点にしたのは、11年２月に町の教育講演をしていたことが縁だった。

「今回の地震で、仙台市にはボランティアセンターがすぐに立ち上がって、いろんなボランティアが入って来ました。しかし七ヶ浜町にはボランティアがなかなか来ないため、町に声をかけて自分たちで始めたんです」

ボランティアには保育心理士のほか、大学生などもいるが、大半が被災者でもある。そのため、ボランティアする側の心理を安定させながら、子どもたちを守る必要がある。

「ボランティアに関するレクチャーをし、また、ボランティア同士で気持ちのシェアをします。する側も不安なことが多いので、無理になくさせようとせず、ストレスと上手につき合えるようにします。きちんと評価をし、次の意欲つなげる必要があるのです」

参加する人たちは、ほとんどが地元の人。つまり被災者が被災者を支援するわけだ。

「なんらかのことで復興を手伝いたいと思った」と話してくれた動物の看護師を目指す渡辺優さんも、その一人だった。個人では何をしていいかわからなかった渡辺さんは、町の災害ボランティアセンターに行って、遊びの中で子どもの心のケアをするこのボランティアを知った。

宮城県七ヶ浜「まつかぜ児童保育館」。被災した子どもたちが遊ぶことを通じて避難生活のストレスを発散している（4月19日）

ブロック遊びをしている子が、ブロックを崩すときに、「津波が来ました。家が流されました」と言い、別の子が「もう僕の家ないんだ」と寂しげな表情をした。そのとき渡辺さんは、子どもたちにかける言葉が出てこなかったという。

「なんと声をかけていいのかわからずに、黙ってしまいました。私の一言が子どもたちにとって、大きな意味をもってしまうかもしれない。そう思うと安易なことは言えませんでした。でも、気持ちとしては子どもを支えたいんです。そして、子どもたちと、もっと仲良くなりたいと思ったんです。きっと私自身もみんなに元気をもらっているから」

福島県相馬市・磯部小学校

ピンクのランドセルを背負って

——大和田茜ちゃん（9歳）

福島県相馬市の避難所となっている市総合福祉センター「はまなす館」。ここには未就学児4人、小学生16人、中学生7人が避難生活を送っている。磯部小学校3年生の大和田茜ちゃんも、この避難所で3月11日以降、家族とともに暮らしている。

地震があったとき、茜ちゃんは授業が終わったばかりだったこともあり、学校の近くにいた。地震後、同級生のお母さんにうながされ、学校に戻り避難した茜ちゃんは、その後に続いて起こる余震を同級生と音楽室のオルガンの下に隠れてやり過ごした。しかし、あまりにも余震が長く続いたため建物の外に避難するように指示が出ると、茜ちゃんは教室の前の花壇の近くにしゃがみこんでいたという。

「（地震が）怖くて泣いちゃった」

しばらくすると、母親が自動車で迎えにやって来たので一緒に自宅へ帰ろうとしたところ、今度は津波警報が出たため、急きょ高台に避難することになった。そしてその途中に、津波はやってきた。眼下に見える自分の暮らしていた町が破壊されるのを、茜ちゃんはただ黙って見ているしかなかった。

「家がなくなっていくのを見た。山の上から見てたんだ。おばあちゃんの車も流されたの」

親子は再び小学校へ歩いて向かう。小学校は高台にあるために、津波の被害はなかった。そのまま小学校で避難生活をしていたが、数日後、置いてきた車に戻ってみると、ガソリンが抜かれていた。車上荒らしの被害に遭ったようだ。「車は流されず、大丈夫だったけど、（ガソリンは）満タンにしていたはずなのに」と、茜ちゃんとお母さんは首を傾げていた。

茜ちゃんは気に入っていた携帯型ゲーム機が流されてしまったために、避難所では、妹の誕生日プレゼントのトランプで遊んでいる。「昨日はトランプで勝ったのがうれしかった」と、茜ちゃんは笑ったが、避難生活は小学生にとってやはり退屈なものだ。

4月18日、茜ちゃんが通っている磯部小学校でも、少し遅めの始業式が行われた。もともと104人だった児童数は67人に減っていた。友だちを亡くし、家族を亡くした子どもたちにとって、その悲しみがすぐに癒えるわけもない。それでも、ピンクのランドセルを背負った茜ちゃんは、笑顔を見せてくれた。そして、避難所から学校まで往復するスクールバスに他の子どもたちと乗って、始業式に向かった。

この日は磯部小学校の終業式と卒業式で、茜ちゃんは成績表をもらった。「成績はどうだった？」「まだ見てない」たわいもない話をしながら、少しずつ地震の話を語ってくれた（3月31日）

始業式が終わり、笑顔を見せてくれた茜ちゃん（4月18日、磯部小学校にて）

宮城県石巻市

毎日が意味あるものと思えるようになった

――佐藤大貴さん（18歳）

茨城大学の入試が近づいていた3月11日、高校3年生の佐藤大貴さんは下見のために茨城県水戸市に来ていた。翌日が入試の本番だ。市内でバスに乗っていた時だった。突然、揺れ始めた。

「あの揺れは、3年前の岩手・宮城内陸地震と同じだと思ったんです」

2008年6月に発生したマグニチュード7・2の地震は、最大震度6強を岩手県奥州市と宮城県栗原市で記録し、佐藤さんが住んでいた石巻市は震度5弱だった。しかし今回の震災は、予想を大きく上回った。地元に帰るための交通機関がすべて止まり戻ることができなかったため、水戸市立三の丸小学校の避難所で2週間ほど過ごし、3月末になってからようやく家族の待つ石巻に帰ることができた。

4月15日、そんな佐藤さんに会いに行くために石巻市へ向かった。佐藤さんの家の周辺は海岸から2㎞離れているため、全壊した家は多くはないが、ほとんどが床上浸水をしていた。単なる集中豪雨とはちがって、津波が海底のヘドロを運んでいて、生臭いにおいが漂っていた。佐藤さんは、もう使えなくなったものをビニール袋に入れて捨てながら、整理をしていた。

「見るとわかりますが、窓がないんですよ。風が吹くと、砂埃が入ってしまう。本当はこの一階が生活の中心だったんです。いつになったら、生活できるのかはわかりません。とりあえず、住めるために自分に

何ができるのかを考えて、掃除しています
入試前に被災をしたが、今後の進路はどのように考えているのだろうか。
「まだ自分としても飲み込めていない部分があります。ただ、生活自体がまるで変わってしまって、いままでなんとなく過ごしていた一日一日が、意味のあるものに思えるようになりました。第一は家のことを考えたい。進路は被災前と変わらず、教育学部を目指しています。ずっと中学校の先生に憧れていたから。先生になったら、きっと地元の子どもは全員が被災を経験しているでしょう？　そういう子どもたちの力になりたいです。突然こういうことが起こったとき、どうしたらいいのかをちゃんと教えていきたい」

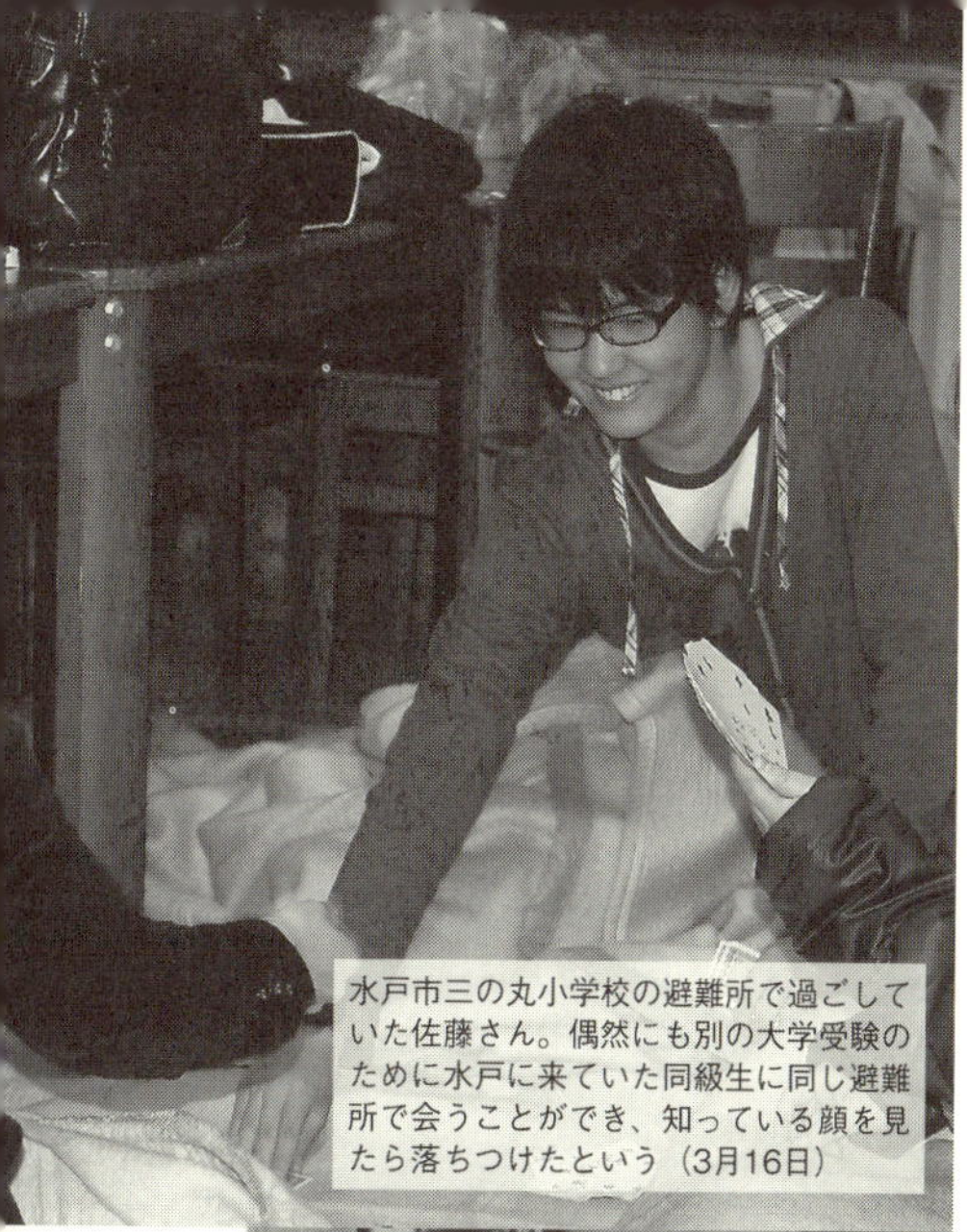
水戸市三の丸小学校の避難所で過ごしていた佐藤さん。偶然にも別の大学受験のために水戸に来ていた同級生に同じ避難所で会うことができ、知っている顔を見たら落ちつけたという（3月16日）

石巻の自宅はヘドロを片付けている最中で玄関にはゴミ袋の山ができていた（4月15日）

百聞は一見に如かず、百見は一聞に如かず

亀松太郎

百聞は一見に如かず。震災発生から10日目、被災地に初めて入ったときの偽らざる気持ちだ。それまで何度もテレビで、道に転がる船や瓦礫《がれき》の山と化した家の映像を見ていたが、現地でそれらの風景と直接対峙したときの衝撃は大きかった。

何よりも驚いたのは、津波の被害を受けた地域の広大さだ。海岸線までの数kmすべてが巨大なローラーにかけられたように根こそぎ破壊されてしまった世界。このような光景が、東日本の太平洋岸の数百kmにわたって続いていることを思い浮かべて、茫然となった。

この被災地の広さ、被害の甚大さは、現地に立ってみないと実感できない。その意味で、読者のみなさんにはぜひ一度、被災地に行かれることを勧めたい。自分の目で現実を見て、同じ日本でいったい何が起きたのか、そして、自分にできることは何なのかを考えてほしいと思う。

その一方で、百見は一聞に如かず、ということも感じた。すなわち、見ているだけではわからないことも多いのだ。震災の当事者である現地の人々に話を聞いてみて、初めてわかることも数多くある。体験した者にしか語れない言葉の重みが、そこにはあった。

そのような、実際に聞かなければ知ることができなかった物語がこの本には集められている。被災地のさまざまな現実と闘う人々の、さまざまなストーリーに耳を傾けてほしい。その中に一つでも、心に強く響く話があれば、この本の目的は達せられたといえるのではないだろうか。

無力感を抱いていた私に再び力を与えてくれた人たち

渋井哲也

東日本大震災で犠牲になられた方々のお悔やみを申し上げます。

被災地を見ると、呆然とするしかありませんでした。津波によって投げ倒された防風林、妨げるものがないために強く吹き荒れる風、破壊された街、ヘドロのにおい、瓦礫《がれき》の山など、地震も甚大ですが、津波で全滅した地域を目にしたときは言葉を失いました。その中で、家を流された、家族や友人を失い、生死を彷徨うといった数々の体験談に聞き入るしかありませんでした。取材に応えたくない人にも無言の叫びを感じました。

避難生活は日々変わっています・瓦礫《がれき》が撤去されていき、仮設住宅ができて、そこで暮らす人々がいます。学校や企業も始まりました。見た目では「復興」が進んでいます。しかし、未だに道すらない地域、人手が足りない地域、仮設住宅が当たらない人たち、仕事が見つからない人たち、行方不明者探しといった課題は山積しています。

新聞やテレビとちがって、私はすぐに伝えるための取材をしているわけではありません。いったい、何の意味があるのか。何度も考えました。ある被災者が「私の体験を伝えなければならない。生き残った者としての責任です」と話してくれました。無力感を抱いていた私に再び力を与えてくれたのは、被災者のみなさんでした。掲載できなかった人たちを含めて、一人ひとりに本当に感謝したい。そして今後、数々の思い出を失った人たちとどのように向き合っていくのかが、私たちに問われていると思います。

被災地支援緊急プロジェクト

渋井哲也　しぶい・てつや
［Twitter：@shibutetu］

1969年、栃木県生まれ。長野日報社記者を経てフリーライター。自殺やメンタルヘルスやネット・コミュニケーションに関心がある。阪神淡路大震災以来の震災取材。著書に「自殺を防ぐためのいくつかの手がかり」(河出書房新社)など。ビジネスメディア「誠」(http://bizmakoto.jp/)で、「東日本大震災ルポ・被災地を歩く」を連載。メールアドレスはQZV10765@nifty.com

［担当ページ］P13／P16／P19／P22／P24／P27／P46／P48／P160／P168／P186／P188／P190／P192／P194／P196／P199

亀松太郎　かめまつ・たろう
［Twitter：@kamematsu］

1970年、静岡県生まれ。朝日新聞社記者、WEBディレクター、法律事務所リサーチャーなどを経て、2006年からネットメディア「J-CASTニュース」で記者・編集者を務める。2010年、ドワンゴに移り、動画サイト「ニコニコ動画」(http://www.nicovideo.jp/) で報道系の生放送番組の企画・取材とニュースサイト「ニコニコニュース」の運営を担当している。

［担当ページ］P162／P184／P198

西村仁美　にしむら・ひとみ
［Twitter：@ruri_kakesu］

ルポライター兼フォトグラファー。主に野宿生活者に関わる社会問題をテーマに長年取材。著書に『悔 野宿生活者の死と少年たちの十字架』(現代書館刊)『「ユタ」の黄金言葉』(東邦出版刊)『格安！ B級快適生活術』(共著／ちくま文庫) など。

［担当ページ］P54／P133／P166

村上和巳　むらかみ・かずみ
［Twitter：@JapanCenturion］

1969年、宮城県生まれ。医療専門紙記者を経てフリージャーナリストに。イラク戦争などの現地取材を中心に国際紛争、安全保障問題を専門としているほか、医療・科学技術分野の取材・執筆も取り組む。著書に「化学兵器の全貌」(三修社)、「大地震で壊れる町、壊れない町」(宝島社)、「戦友が死体となる瞬間－戦場ジャーナリスト達が見た紛争地」(三修社／共著) など多数。

［担当ページ］P10／P30／P32／P34／P38／P40／P42／P44／P50

渡部真　わたべ・まこと
［Twitter：@craft_box］

1967年、東京生まれ。広告制作会社を経て、フリーランス編集者となる。下町文化、映画、教育問題など、幅広いジャンルで取材を続け、編集のほか、執筆、撮影、デザインと多彩な活動を展開。著書に『浅草散歩ガイド』(編著) など。

［担当ページ］P52／P170／P172／P174／P176／P178／P180／P182

［写真提供］P2／P117／P161／P169／P185／P189／P191／P197

「Handsome Worldwide」
世界を舞台に活躍する女性たち(ハンサムウーマン)を国内に向けて広く紹介・サポートしている「Handsome Worldwide」から、今回のために、ブログ記事とJFN全国23局で放送しているラジオ番組「flowers」内における震災関連の放送を、3章の記事として一部提供していただいた。

3.11 絆のメッセージ
世界から届いたエールと被災地のいま

2011年6月1日　初版発行

発行者：佐藤秀一
発行所：東京書店株式会社
〒160-0022　東京都新宿区新宿1-19-10-601

執筆・撮影：　亀松太郎／渋井哲也／西村仁美／村上和巳／渡部真
編集協力：　佐藤渉・杉原誉洋
デザイン・DTP：渡部真［CRAFT BOX］
印刷・製本：　シナノ印刷株式会社

Special thanks：　鈴木麻子・萩野絵美［H&S WORLDWIDE］／石原邦子［アマニ・ヤ・アフリカ］／ラクパ・ツォコ［ダライ・ラマ法王日本代表部事務所］／濱坂都［ＪＥＮ］／土井香織［日本ユニバ］／林健吾／meiko［チームリボンparis］／平野愛智［rolls 7］／長谷太介［株式会社ユニクロ］／雨宮竜太［Navy Gear4U.］(順不同)

ISBN978-4-88574-311-5 C0036